教育的基础

黄全愈 /

著

中国人民大学出版社
· 北京 ·

THE FOUNDATION OF EDUCATION

图书在版编目（CIP）数据

教育的基础 /（美）黄全愈著 . -- 北京：中国人民
大学出版社，2023.9
　　ISBN 978 - 7 - 300 - 32003 - 8

Ⅰ. ① 教… Ⅱ. ① 黄… Ⅲ. ① 教育学 Ⅳ. ① G40

中国国家版本馆 CIP 数据核字（2023）第 157273 号

著作权合同登记号
图字：01-2023-2942 号

教育的基础

黄全愈　著

Jiaoyu de Jichu

出版发行	中国人民大学出版社

社　　址	北京中关村大街 31 号	邮政编码　100080
电　　话	010 - 62511242（总编室）	010 - 62511770（质管部）
	010 - 82501766（邮购部）	010 - 62514148（门市部）
	010 - 62515195（发行公司）	010 - 62515275（盗版举报）
网　　址	http://www.crup.com.cn	
经　　销	新华书店	
印　　刷	北京华宇信诺印刷有限公司	
开　　本	720 mm × 1000 mm　1/16	版　　次　2023 年 9 月第 1 版
印　　张	15.25　插页 1	印　　次　2024 年 6 月第 3 次印刷
字　　数	210 000	定　　价　68.00 元

目 录
Contents

中篇　教育的起跑线

自 序
Preface

我儿子来美国时刚 5 岁，那时还懵懵懂懂，上幼儿园会说的第一句英语是"厕所在哪儿"——怕"急"起来找不到北！

说实在的，别说孩子，我们自己在哪儿、教育在哪儿，都有点儿找不到北……

小学一年级，几乎每天，儿子一进门，就很有点儿得意地嚷嚷当天的"杰作"："今天，老师问'2+5 等于几'，大家用十个手指头还没算利索，我就抢答'等于 21÷3'。小朋友个个蒙圈，老师也蒙圈了——愣愣地看着我，不知道该怎么面对我和蒙圈的小朋友们。"……

那时，我嫌美国基础教育太小儿科，孩子啥都不懂，整天就知道傻玩……说出来你都不敢相信：学习从 1 数到 100，要数整整一个星期（其实，"数字"与"数量"是两个不同的概念，许多大人都没弄明白，直接拿数字替换数量）。小皇帝不急，老爸急啊，不带这样浪费孩子生命的！趁着图书馆处理旧书，就给儿子买了一整套数学课本，一美元一本砖头般厚重的教材，一整套得开车拉回家。不过，物有所值，课本编得非常简明易懂。我让儿子每天自学四页，这不，他把同班同学（包括我博导的孩子）甩了七八十条街（后来尝到苦果，这是后话）。

既然儿子把所有的孩子，包括我博导的孩子都甩得不见踪影，那我还来这里苦哈哈地学什么呢？这个新版"龟兔赛跑"，到底谁是龟？谁又是兔？我是越想越困惑。

小学二年级，某天，儿子一进门就叫嚷，要到图书馆找资料，说是对研究蓝鲸很感兴趣，学校要求写"科研论文"……

我瞠目结舌——怀疑人生足足三秒钟，不是我这种博士研究生才做

"研究"吗？8岁小屁孩儿也叫嚷做"科研"？！

后来，"蒙圈"一个接一个……

某日，我坐在课堂里，听我最佩服的博导（我打心眼里佩服的人屈指可数——他能使我从似懂非懂的混沌状态升华到豁然开朗的"悟"的境界）在不落窠臼、鞭辟入里、一剑封喉地剖析、抨击美国教育的社会文化背景，犹如庖丁解牛："动刀甚微，謋然已解，如土委地。提刀而立，为之四顾，为之踌躇满志。"

我猛然有点儿蒙，又有点儿悟。不禁自问：这位导师严谨深刻、洞见犀利、一箭穿心、深入浅出的"謋然已解"功力是从哪里来的？他也是读的当地小学吗？他也曾花整整一周从1数到100吗？他小学一年级时也不懂2+5=21÷3吗？他知道《龟兔赛跑》的故事吗？他从何处来？又往何处去？他是怎么走出小学的混混沌沌，成为大名鼎鼎的教授的？小儿科的沙滩似的基础教育，怎么能承载高耸入云的科技摩天大厦？

我思考了很久很久，也反思了很多很多。

我豁然自醒：难道不是美国的基础教育小儿科，而是我对美国基础教育的理解太小儿科？

…………

半个世纪前，我插队时的生产队长语重心长地告诉我："我说（知青）老弟啊，这只桶能装多少水，就看最短的那块桶板！"

朴质而深邃的水桶理论！

后来，远渡重洋来"洋插队"，导师说："选修对您的祖国最有用的专业！"

我一直以为，中国的基础教育世界第一，之所以没有世界一流大学，问题出在高等教育……于是，我选择了"高等教育管理"专业。

导师那天的"庖丁解牛"，让我惕然且謋然地意识到：虽然美国的高等教育也值得好好研究，但更迷惑人、更困惑人、更令人百思不得其解、更值得研究的，竟然是我从来就看不上眼的"一塌糊涂"的美国基础教育！

何为基础？

一个人要上跃，就必须先下蹲，牢牢地脚踏"实地"——基础！

一栋大厦能有多宏伟，能否高耸入云，取决于它的基础有多敦多厚，而不是它的屋顶有多尖多美。

解开"死结"，犹如打通任督二脉！于是，我把研究方向改为"跨文化的概念比较与分析"。

经过多年研究，我初步形成了自己的"一二三四"素质教育核心理论体系。

"一"指多元教育的归元一体化——返本归元的终极目的，是具备能引爆人生"核裂变"的十大素质，去实现个人的自我完善。

"二"指教育的"双核理论"。权威的书评刊物《纽约时报书评》，曾头版头条隆重推出长篇评论，指出我的英文专著《混血虎》（*The Hybrid Tiger: Secrets of the Extraordinary Success of Asian-American Kids*）详细比较和分析了中美教育核心价值观的异同，解答了困惑美国人多年的问题：为什么亚裔只占美国人口的 4.43%，尽管以哈佛为首的名校对亚裔设置了隐性录取上限（哈佛的上限一般是 18%—20%，自 2015 年 60 多个亚裔团体状告哈佛后，2022 年亚裔生录取率达到 27.8%，2023 年达到 29.9%，为史上最高），但美国前 20 名顶尖大学仍录取了约 20% 的亚裔生？这一比例约为人口比例的 5 倍。此外，亚裔是人均获硕士、博士学位最多的族裔，家庭平均年收入全美最高。我用"双核理论"驳斥偏激的"虎妈"（蔡美儿）：只有吸纳中美教育的精髓，才能产生虎虎生威的"混血虎"。比如，有"少年诺贝尔奖"之称的美国雷杰纳隆科学奖，2021 年 40 位获奖选手，有 16 名华裔，占比 40%。

同时，我又提出一个十分发人深省的扎心问题（国内某出版社社长誉为"美国亚裔教育的'钱学森之问'"）：虽然美国前 20 名大学的"龙虎榜"上亚裔生约占 20%，但为何美国最牛、最尖端的 20%——诺贝尔奖得主、大科学家、大教授、大律师、大企业家等，亚裔占比与 20% 相去甚远？

华裔以到脸书（Facebook）争得一个高薪职位为荣，扎克伯格则从哈佛跳出互联网的"局"，去设计一个脸书的"局"给我们玩。现在，他更是搞了一个"元宇宙"给人们去玩。

我儿子从一个懵懵懂懂、只会问"厕所在哪儿"的小屁孩儿，成为世界知名律所派到法庭上唇枪舌剑的最年轻的出庭律师与持股合伙人，并荣获美国Law360（一家法律新闻与分析权威媒体）2021年度"40岁以下出庭律师新星"荣誉；2022年6月21日，美国《商业内幕》报道了我儿子与其他14位美国年轻的出庭律师，因在审判、仲裁和上诉中表现优异，被评为2022年度"40岁以下出庭律师新星"的消息（两度获得殊荣，而且是华裔）；7月他又被选为全美各界23位值得关注的亚裔领袖。看起来挺成功，但格局不大，都是赢在局内，都是在人家设计好的法律框架和条文下玩游戏，从未想过到局外去当那顶尖的20%——去设计、制定法律条文，让别人去玩。

这不是"凡尔赛"，真是我的家庭教育给儿子带来的局限。故曰："成"也中式家教，"败"也中式家教也。

"三"指"三脚架理论"，给教育的"四位一体"（家庭教育、学校教育、社会教育、自我教育）设定各自的位置和相互之间的关系。

首先是家庭教育、学校教育和社会教育三点成一面，再由此形成三只支撑脚，承载教育的终极受体——人的自我教育，类似照相机的"三脚架"。

亚裔生为什么优秀？图解"三脚架理论"，就一目了然。请参阅本书《美国孩子的毛遂自荐，让我"怀疑人生"》一文，在此不赘述。

"四"指我的"四区理论"，从人的思维方式和行为方式，去阐释人如何从第1区进入第4区，从而完成自我教育过程。"四区理论"既分析了人的创造性思维和创造性行为的形成过程，也剖析了"我们是怎么用正确答案把孩子教傻的"这样一个极其严肃且发人深省的问题。

甚感欣慰的是，我在深入透视美国令人迷惑的教育现象的同时，又有对美国教育理论从底层到核心的深度思考，并条分缕析地剖析了生我养我那片土地上令人焦虑的教育。

在形成自己的素质教育理论的同时，我重新反思：何为基础教育的"基础"？

理论可能有些枯燥、无趣，但这本书的行文会尽量有料、有趣、有品——把"有料"融进"有趣"中，使之"有品"。

换言之，保持"举重若轻"的风格——把理论的干货融合进有趣的故事中，让读者在轻松愉快的阅读中豁然开朗，同时又有莫名的沉重。

实际上，这本书也是我的《素质教育在美国》系列与《混血虎》，以及我儿子青少年时出版的《我在美国读初中》和《我在美国读高中》（学生版《素质教育在美国》）的精华荟萃。请看部分文章的标题：

"问题化学习"应该是把"？"看作鱼钩的学习

创造性是"教"出来的吗

泄露"天机"——名校毕业也需要的 10 种核心素质

什么才是"土猪"人生最关键的考卷

"神童教育"的"神"在哪里

STEM 是中国教育的希望吗

素质教育是个伪命题吗

敢于让孩子输在起跑线上

何为体育的"育"

从走课制里能"走"出什么

国家强大的根源不在大学，而在基础教育

…………

因为篇幅原因，报纸、杂志刊发的文章可能有删减，而本书收集的基本是全稿，并且有些必要的、与时俱进的注释。

本书中的文章是针对不同的议题分开撰写的，有些辩驳性的文章又必须引用自己已有的某些论点或论据进行辩驳，因此，很难避免某些重复，但本书已尽力修改。

本书看似合集，但由于主线谈的是基础教育，也可以看作既比较中美教育又聚焦基础教育的专著。

其实，这还是合集的画风——把散见于众多平台的文章，为读者

"一网打尽"，让读者"尽收眼底"。

许多人认为中美之间"卡脖子"的是科技，其实，真正"卡脖子"的是教育！试问：科技从何而来？来自教育！

为什么起跑领先的孩子，后来却落后了？为什么我儿子及其他亚裔孩子原来甩美国孩子七八十条街，到高中却被追上了？这就是要害——基础教育的"基础"（正是我数十年的研究内容，也是本书的主题）。我反复深思"为什么"：为什么世界前100名大学中的大多数在美国"排排坐，吃果果"？为什么美国截至2021年获得了333枚诺贝尔科学奖？为什么数学基础教育一路被吊打的美国，至2021年，仅哈佛（含校友、在职人员、兼职人员等）就获得了18枚国际最高数学奖——菲尔兹奖，普林斯顿也获得了16枚？……

问题的核心是：什么样的基础教育承载了这些结果？

这是我们需要深刻思考的问题。

改革开放后，中国获得了巨大发展，但某些方面的差距仍不容忽视。

许多人提倡"科技兴国"；其实，应该倡导"科教兴国"——以"教"为本的"科教兴国"。

中国科技公司的领头羊之一华为的创始人兼总裁任正非先生，站得高，看得远，想得深。他认为，国家的竞争，归根结底是教育的竞争。

其实，基础教育是一个国家的基础。因而，国家的竞争，归根结底是基础教育的竞争。

能把"人口大国"变为"人才大国"的，唯有实施素质教育的基础教育！

只有坚持"双减"，改革应试教育，推行素质教育，才能改变一代人以考为本的学习方式和思维模式，从根本上改变人才的素质，推动中国成为创新型国家。

上篇

教育的终点线

"问题化学习"应该是把"？"看作鱼钩的学习

本文主要谈一谈在我的概念里，"问题化学习"该长啥样。

一、"问题"是手段还是目的

教育的问题是先有问号（问题），还是先有句号（结论）？

早在 2006 年，我就在《培养智慧的孩子：天赋教育在美国》一书里，质疑许多学校推崇"解决问题"优先的教学思想。以为"解决问题"比"提出问题"重要，这是不讲逻辑，违背常识，甚至反智的。

首先要发现问题，才能解决问题。孩子发现不了问题，要解决的问题只能来自师长。由于大人给的都是已解决的问题，孩子只能跟在大人后面做已知循环，"未知"会从天而降吗？

牛顿发现万有引力，是先发现问题还是先解决问题？瓦特改良蒸汽机，是先发现问题还是先解决问题？

据说，有个亚裔小孩突发奇想：用脉搏给手表发电。结果，某名校用5000 美元买断此想法。孩子并没解决用脉搏发电的问题，只提供了一个很有价值的想法。

发现问题是创造的前提。没有"发现问题"的"创"，"解决问题"的"造"就只能是山寨！

爱因斯坦曾说："产生问题常常比解决问题更具有实质意义，因为解决问题不过是数学或者实验的技巧罢了。"

为什么会出现不强调发现问题，只强调解决问题的反智现象？根源在应试教育。考试时空有限，孩子不必发掘现实问题，只需为答卷寻求现成答案。

从心理学的角度看，不培养孩子发现问题的能力，而去强调解决问题的能力，是压抑人性的。不允许你有问题，还用解决问题来压制发现问题。有问题就成了"问题孩子"，好学生都是"没问题孩子"。于是，孩子连啥是好奇心的好奇都没有了。

　　"问题化学习"是先有结论才提问题，还是老师先把知识问题化，再设计问题，去引导学生学习，把知识传授给学生？

　　一位研究和践行"问题化学习"的老师说："什么是问题化学习？……问题化学习是不是把知识转化为问题来学习？但是我会有一个反问：知识又是怎么来的呢？简单来说，知识是通过问题的发现和探索得来的，所以问题化学习不是仅仅掌握知识，而是要回归问题发现和探索的过程。例如，什么是传播？其实，思考的过程中我们关注的不是一个问题，而是系列问题。"

　　换言之，不管是"一个问题"还是"系列问题"，都是通过问题化来传播知识的。

　　据《问题化学习让学生回归课堂中心，在学校中如何实现》（刊发于2017年9月6日搜狐教育，以下简称《问》）一文，所谓"系列问题"就是：①谁说？②说了什么？③对谁说？④通过什么途径说？⑤（说）产生了怎样的效果？

　　前4个问题强调"说"，最后的"效果"仍强调"说"！

　　若把5个"说"变成5个"问"——①谁问；②问了什么；③问谁；④通过什么途径问；⑤（问）产生了怎样的效果——并且明确"谁"就是学生，整个教学设计就可以颠倒过来了。

　　我们不应该先把"？"拉直，再来问问题，而应该先把"？"看作鱼钩——去探究问题，去深究问题引发的某个潜在问题或一连串问题——去钓更大的鱼。

二、"研究性学习"是翻译问题还是观念问题

　　"研究性学习"应该是译自美国课程专家施瓦布（Joseph Schwab）博

士的 "inquiry learning"（作者注：很多人常常用 inquiry-based learning）这一教学概念。翻译失当源自观念的误解。

首先，inquiry 有"询问""探究"等意思；虽也有"研究"的含义，但其涵盖范围更广，例如，自由与开放地追问、独立思考的批判性思维、证实或证伪的求索精神等，融会了教育观念、培养目标、教学方式、教学手段、教学活动等。"研究"就是"研究"，"研究"≠ inquiry。因此，inquiry learning 应译为"探究性学习"，而不是"研究性学习"。

其次，learning 不仅有狭义的"学习知识"的意思，更注重"学习方法"之"学习"，如探索方式的多元化、进行理性的批判性阅读等。

最后，应试教育通常把"学习"看作"学习课本知识"——在课程标准下进行知识点的传授。因此，"研究"不得不与"学习"分开；同时，又不得不把"研究"置于"学习"之下。因而就有了绕着弯表述的"研究性学习"。

"问题化学习"也有同样的尴尬："问题化学习"的"学习"（狭义的课堂学习）是"圈养"的，是在老师的控制下，按照课程标准的进度进行"量化"的。然而，"问题"是放养的，是活蹦乱跳的活物，课程标准难以将其牢牢地罩在网里。因此，学生"发现问题"的能力往往就成了漏网之鱼。

"研究性学习"到底是"通过研究进行学习"还是"学习如何研究"？"问题化学习"到底是通过"问题知识化"还是通过"知识问题化"进行教学？我们似乎又绕了个相似的、语义不明的弯。

三、是把有问题的孩子教得没问题，还是把没问题的孩子教得有问题

有一年，南京某校办了两个"黄全愈素质教育实验班"，请我上第一课。教授怎么教小学一年级的课？

我的设计很特别：从头到尾都是问题，没有答案。

为了营造轻松、自由的气氛，我告诉"倒背手，一条线"的孩子们：

想咋坐就咋坐，坐在地上也行。我搬张小椅子坐到孩子们中间（现在很后悔，当时我该领头坐在地上）。

我劈头就问："'衣服越晒越干，人越晒越湿'对不对？"

小朋友们蒙圈了……

我讲了个很久以前的儿时的故事。

一次，幼儿园老师问："为啥衣服越晒越干，人越晒越湿？"

我说："人也会晒干的！"

"老师骂我'笨！'，说是人晒就出汗，就湿了！我想，我不笨！我是从烤肉获得的启示。"

孩子们开始七嘴八舌……

我甩出一大串问题，如"月亮为什么老是跟着人走"。

孩子们嚷开了，"乱"得有点儿失控！

课后，记者们问："课前，我们采访孩子，没人愿意说话，为什么他们在课堂上那么活跃？您不觉得有点儿'乱'吗？"

我说："我要的就是这个'乱'，这个由问题引发的'乱'。"

傍晚，校长和我正要走出校门，一个胖乎乎的女孩跑过来，拉着我的手，两眼充满疑惑："黄教授，我想不通为什么月亮老跟着我走。"

看着孩子执着的眼神，我"漏题"之心都有了！可惜，我也不知道答案！因为我的目的不是传授知识，而是用问题引发问题，从而激发孩子敢于、乐于、善于提出问题的兴趣和能力。

我的埋伏圈里不是知识，而是用问题"还治其人"——把我这个教授置于问题的埋伏圈。

第二年，我回去看孩子们，看看这些我用问题激发的孩子，过了一年，变成了啥样。

我观摩了一节"拔萝卜"的英语课：小白兔发现了萝卜，但拔不动，叫小猪、小老虎等来帮忙。大家一起拔萝卜，吃萝卜，并大赞："萝卜真甜！"

显而易见，游戏的主题是团结互助。

但我听到身边一个女孩自言自语地嘟囔着英语："老虎是不吃萝

卜的！"

女孩的问题与团结互助无关，我真想忍住——眼泪却怎么也忍不住，慢慢地流了下来。

我要的，就是用问题激发出来的"问题孩子"！

是给学生一个问题，还是给学生一个结论，这是两种不同的教育观！

有人说，教学当然以解决问题为目的；不然，越学问题越多，我们的教育不就真的"问题成堆"了吗？

也有人说，教学当然以产生问题为目的；否则，接受教育越多，学生的问题越少，教育不就真"成问题"啦！

有的教育把糊涂的学生讲明白了——以无问题为"学会"的教学标准。

有的教育把明白的学生讲糊涂了——以产生新的问题为"会学"的开始。

我的博导是批判美国教育的著名教授。他2010年访华，当地学校安排他去听好班和差班的课。回来后，他很郁闷。

我问："为什么？"

他说："好班的学生一个问题没有，差班的却问了很多问题。"

没问题的学生即使是"学霸"，在批判美国教育的领军人物眼里，也是差生。

"问题化学习"的一个极重要的目的是培养"发现问题"的探索精神和能力。

正所谓"学贵知疑，小疑则小进，大疑则大进"。

在美国大学做研究，美国学生鬼点子特多，发现问题的能力很强；中国留学生往往是在别人发现问题后，能很好地配合别人解决问题。

应试教育的"解决问题"等于解题能力，于是，越聪明，解题能力越强，就越是在题海中自得其乐而难以自拔。

孩子不能发现问题，问题就会发现孩子，并"解决"孩子。

发现问题是为了激发孩子的好奇心和探索精神，让孩子在"创"与

"造"的过程中不断产生新的问题，不断前进。

毋庸置疑，解决问题的能力非常重要。问题是解决问题的能力"被"错位了，顺序"被"颠倒了，甚至还成了压制"发现问题"的手段。

下课时，许多老师问："还有问题吗？"学生说："没问题啦！"这是所谓"最佳状态"，下课。

我给美国学生上课，总留提问时间。若老师问"还有问题吗"，学生说"没问题"，那就是老师有问题。产生的问题比解决的问题多，说明课上得好。以"启疑"为导向，产生的问题越多，越能激发学生的好奇心和探索精神，以及解决问题的主观能动性。

如果"问题化学习"把有问题的孩子教得没问题了，"问题化学习"就真成了"问题"！

四、碎片化的问题是"问题"吗

据《问》表述："问题化学习关注的不是碎片化的问题，而是一组有内在联系的问题。……学生自主提出问题，会遇到很多状况。例如，研究蚂蚁会提出五花八门的问题：为什么蚂蚁会搬家？为什么蚂蚁会排队？为什么蚂蚁什么东西都吃？……对于老师来说，这些五花八门的问题会影响课堂效率。……我们可以分成几个方面来研究：食性、栖息地、行为、繁殖与生命周期、与人类的关系。……问题系统化要注意三点：首先把碎片化的问题系统化……"

诚然，学生的碎片化问题多是散乱的、无逻辑的，常常也是无解的。君不见，许多科学家提出的问题很伟大，但穷尽一生不也只为后人留下一个碎片化的巨大问号吗？因此，不能为了课堂效率抹杀碎片化的功能属性。不怕碎片化，就怕人为地拷贝课本的系统化！碎片化的问题不是问题，没有碎片化才是问题。借用一句说烂了的话来说："雪崩时，没有一片雪花是无辜的。"正是"碎片化"的雪花不断积累，才能形成雪崩。因此，没有碎片化，就没有系统化，就没有"问题化学习"。

毕加索说："我14岁时就能画得像拉斐尔一样好，之后，我用一生去学习像小孩子那样画画。"

孩子的可爱，正在于他们的童真、童趣。人为"系统化"碾碎的，往往是"问题化学习"的精髓——孩子的好奇、纯真、童言无忌。

曾看过一个视频：母马刚产下小马，狼群就围了上来。母马惊恐无奈，小马颤颤巍巍地不断跌倒；狼群扑上来，小马跌跌撞撞地逃跑……在挣扎中小马终于学会急停、急转、急奔来躲避狼群！

助小马逃生的，恰恰是自己初始化的、不可或缺的、"碎片化"的挣扎。

最近看孙儿学翻身，有时就差那么一丁点儿……真想帮那么一小指头！

若母马一开始就系统化地强制性"编程"小马的逃生，会是什么后果呢？

我儿子 8 岁时，在美国上二年级。一天，回家嚷道：要写蓝鲸的"科研论文"……

我瞠目结舌——不是我这种博士研究生才做"研究"吗？

实际上，一旦孩子对某一事物产生了碎片化的好奇，如"昨天的云都去哪儿了"，哪怕他们是在托儿所，也就开始了"问题化学习"！只不过，这种碎片化发问往往是"始乱终弃"的，发端于一个问题，结束于另一个问题。这不，萌孩子 8 岁就开始顺杆子上——正式写"科研论文"了。

儿子说："老师说，论文至少有三个问题，要写满两页纸。"

老师的"系统化"就是"三个问题"和"两页纸"。

那时他刚能读稍厚一点儿的书，能写由几个长点儿的句子拼凑成的所谓"文章"。

儿子借了十几本书，有的文字多些，有的图画多些，均为关于蓝鲸的书。

两周后，儿子有生以来的第一篇论文《蓝鲸》终于问世。

论文仅有三张活页纸：第一张是封面，画着一条张牙摆尾的蓝鲸。论文含四个小题目：①介绍；②蓝鲸吃什么；③蓝鲸怎么吃东西；④蓝鲸的非凡之处。

每个小题目下面的正文不过两三句话。既无开篇段，亦无结论段。

这是我一生中看过的最简短、最有意思的论文。一地鸡毛的碎片化——不是问"吃什么"就是问"怎么吃"，哪有系统化？

其实，在这个阶段，我们不可能奢望孩子能"系统化"地写出惊天地、泣鬼神的论文；我们要的就是在这篇碎片化的、四不像的、非常幼稚的论文里，埋下深究问题的种子。

把中文"研究生"（本科毕业后到高校或研究机构做研究的学生）的定义译成英文，美国人全蒙圈：为什么非要等大学毕业才能做研究？为什么小屁孩儿就不能进行碎片化的"问题化学习"？

孩子提问题的能力，像种子一样需要土壤、气候、灌溉、施肥（犹如"问题化学习"），才能生根、发芽、开花、结果。

这时不能苛求"问题化学习"，要珍惜孩子处于萌芽状态的碎片化发问——哪怕五花八门。

其实，碎片化发问也可能更具有创造性，例如，"用脉搏给手表发电"，虽碎片化，但很有价值。反观许多系统化的问题，犹如废话般平庸，甚至具有破坏性。因此，"问题化学习"需要辩证地看待碎片化和系统化。

既不要对孩子的碎片化求全责备，又要警惕另一个陷阱——满足于培养通过系统化发问收集观点的孩子。我们要培养能通过碎片化或系统化发问去创造观点的孩子！

碎片化地收集前人的材料的"研究"，我儿子还做过不少。我知道，这是必然阶段（但有很多人，包括研究生、学者，永远停留在这个阶段，只不过做得更漂亮、更专业罢了）。但这仅为过渡阶段，绝不能是永久阶段。我们要慢慢地把通过碎片化和系统化发问收集观点的孩子，引导上创造观点的道路。

美国小学的"问题化学习"侧重通过孩子的发问去收集材料；中学阶段，就需要学生提出问题后，去证实或证伪某个假设。

七年级时，我儿子完成了一个百分之百的"问题化学习"。

一开学，自然科学的老师就要求学生自选课题进行研究，两个月后，参加科学研究成果展。

课题上至天文，下至地理，爱选啥选啥。唯一的要求是不能重复前人的研究。

儿子左思右想，终于想出一个异想天开的课题：测试小白鼠的决策能力。这样的课题只有这些不知天高地厚的孩子能想出来，我这种经过"系统化"打磨的老油条是想都不会想的。

两个月后，儿子完成了他的研究论文《小白鼠有决策能力吗》。

美国的学术论文有特定的格式：①背景简介；②提出假设的论点；③阐述研究方法和研究过程；④对新信息做统计分析；⑤提出自己的见解。

儿子的论文一步不差地模仿了这种"美式八股"——10页正文外加3页分析表格；从头至尾的碎片化发问和系统化追问，有条有理；是不折不扣的"问题化学习"。

他的结论，刷新了我的认知：小白鼠没有做出复杂决策的能力，但简单记忆和本能会影响它们做出决策。

学校展示了一百多份研究报告：《音乐（古典、乡村、摇滚）对植物生长的影响》《食物的色彩与消费者的心理》《狗靠什么来决定和选择玩具》……

校外评委评出一、二、三等奖。儿子的论文获动物研究组一等奖。

许多人热衷于"注疏解"式的"问题化学习"——给经典"注"，然后在"注"中"疏"，再在"疏"中"解"。连范仲淹在楼上抑或在楼下写《岳阳楼记》也系统化地研究得呜呼哀哉。

其实，产生"钱学森之问"的根源是，只注重培养能够系统化、"注疏解"地"收集观点"的人，不重视在"问题化学习"中，培养能够碎片化和系统化地"创造观点"的人才。

五、老师的系统化不该预设框框

先进的教育理念并不排斥，也无法排斥传播知识，和教育既离不开考试，又不能以考为本，是同一个道理。许多老师将"以鱼"式传播知识视为唯一的教学方式。而"问题化学习"不应单一化。我推崇"以渔"式培养"会学"的能力去主动获取知识的"问题化学习"。

我们来试剖析"气象单元"的"问题化学习"的"教什么""怎么教"和"为什么"的关系。

首先，是"教什么"（"气象单元"）。

其次，是"怎么教"（怎样进行"问题化学习"）。

最后，回答"教什么"和"怎么教"后面的"为什么"（为什么要如此进行这样的科学教育）。

对这一单元，有三种"问题化学习"的教学设计。

第一种，老师把气象知识设计成各种系统化的问题，再把这些问题化的知识传授给学生。几个课时内，所有知识点，就像"鱼"一样，被快速、有效地给予学生。

第二种，老师把气象知识传授给学生；然后，让学生带着这些系统化的问题去气象站，使用各种仪器去预报天气。

第三种，研究气象谚语。这是美国某小学四年级别出心裁的"问题化学习"。孩子们耗时 14 周，带着各种碎片化或系统化的问题，去证实或证伪某些民间气象谚语。

破解第三种设计背后的"为什么"，能帮助我们解读"问题化学习"的精髓。然而，这个"为什么"，也可到我们的老祖宗那里找答案。

"授人以鱼，不如授人以渔"，在美国教育界被"中为洋用"地译为"Give me a fish and I will eat today. Teach me to fish and I will eat for a lifetime"（给我一条鱼，今天就吃完；教我钓鱼，受益终身）。虽然译得很别扭，但抓准了一个"教"字。

也有人说，应翻为："给我一条鱼，不如给我一根钓竿。"这个译法看似简洁，但"给"字泄露了思维的差异。

钓竿是器物，可以像鱼一样"给"他人；而思想和技能不能"被"他人赐予，只能营造环境和平台去培养！

教学有三个层次：①传授知识；②教授方法；③培养思维。上述三种教学设计，不难对号入座。

第三种设计，孩子还在"如鱼得水"但又鱼鳞般、碎片化不亦乐乎地"渔"时，早被前面两条"鱼"甩了一个江湖。

"渔"从"氵"，得在"江湖"里碎片化、循序渐进地"如鱼得水"。首先，得学习研究气象谚语所需的气象知识——配备"渔"的"鱼饵"。其次，掌握测量和预报天气的工具与仪器——拿上"以渔"的"钓竿"。再次，用"鱼饵"和"钓竿"去"渔"——去采访附近的居民、农民、气象员，收集民间气象谚语及人们的看法，并利用所学的现代气象学知识和掌握的科学仪器，去证实或证伪千百年来流传在民间的这些气象谚语。最后，组成正方和反方，辩论某些气象谚语的正确性，再把证实或证伪的气象谚语做成"问题化学习"的书面报告在学校的"科学集会"上展示。

若头两三周进行书面考试或操作仪器预报天气，那么从老师手上获得许多"鱼"的学生，可以津津有味地"烤、煎、炸、焖"……而那些还在"江湖"里"浑水摸鱼"的孩子，可能连"碎片化"的"鱼鳞"都没摸到。然而，到了第14周，那些从老师手上系统化地得到的"鱼"，可能已吃得所剩无几了，而"江湖"里已有人"渔"得浪里"百"条了。

这种"问题化学习"不停留于让孩子系统化地掌握天气变化的科学知识，也不满足于让孩子知道用什么仪器去预报天气这些人们已掌握的已知技能，而是让孩子用知识和技能去证实或证伪千百年来流传在民间真假难辨的气象谚语。这是在培养学生探索未知世界的批判性思维，这就是我们需要探索的"问题化学习"。

六、"问题化学习"是对潜力股的长线投资

教育（也可说"问题化学习"）必须强化孩子"发现问题"的能力，

并将其置于"解决问题"之前。

"问题化学习"不应是"愿者上钩"的教学。许多老师喜欢给学生预设知识的埋伏圈，即使是问题的埋伏圈，也是老师已知答案的"问题"。于是，"问题化学习"就总是在已知世界徘徊。我认为，可以有系统化的、预设的知识埋伏圈，但也要有未知的、无果的、只产生问题的"问题化学习"。这是投资潜力股。长线投资切忌急功近利。因此，"问题化学习"也可以仅是追求兴趣和愉悦的过程。

"传道、受业、解惑"的为师之道盛行已久，真要"传授"，就学学陈寅恪先生。家父在西南联大读书时，听过陈教授霸气的话："前人讲过的，我不讲；近人讲过的，我不讲；外国人讲过的，我不讲；我自己过去讲过的，也不讲。现在只讲未曾有人讲过的。"

虽然大先生有点儿不讲理，但"只讲未曾有人讲过的"可以为"问题化学习"提供借鉴——问自己未曾想通的问题。

我们需要探索、践行以孩子自主提"问题"为前导的"问题化学习"，去培养孩子"产生问题"的能力，去引发更多潜在的、相关的，甚至能引发人生"核裂变"的问题，而不是把问题知识化或把知识问题化，再回到变相传授知识的老路。

据《问》表述，"很多老师自己是优秀的问题化学习者，但是如何引导学生自主建构问题系统？以阅读为例……第一个阶段主要由教师引导，第二个阶段学生初步尝试，第三个阶段是学生自主构建阶段"。

我的想法刚好相反：第一个阶段，既然是"问题化学习"，就不能总是给学生预设问题，更应激发学生自主地生发问题；第二个阶段，学生根据产生的问题，去探索相关的知识；第三个阶段，老师根据具体情况，进行适当的提示或引导——为下一个问题或进一步的学习做准备。否则，学生很难主动、自主。

因此，"问题化学习"应该是把"？"看作鱼钩的学习。

各个学科的"问题化学习"纵横交错，林林总总：STEAM［科学（Science）、技术（Technology）、工程（Engineering）、艺术（Arts）和数学（Math）五门课程英文首字母的组合］的、语文的、英语的……不一而足。比如，英语课的"问题化学习"，传授知识会多于问问题。为什么英语说"on campus"（在校园里），又说"in school"（在学校里）？为什么不能说"in campus"和"on school"？这些问题，最能激发学生自主发现差异，老师只要顺势带出系统化的问题即可。当然，老师也可以主动提示 on 和 in 的区别，但不必也无法深究其因——因为无理可讲。所以，"问题化学习"的"学习"讲的是"教"还是"学"，需区别对待。

作为教学方式，"问题化学习"需要多元化：讲授、研究、探究、实地考察……

那么，到底何为"问题化学习"？我想起一件趣事。

20 世纪 80 年代，中国就提出了"素质教育"的理念。

1999 年，我写了一本书，内容正是国人当时说不清道不明的"素质教育"。于是，我"洋为中用"地取了个中国书名《素质教育在美国》。

其实，素质教育源于杜威的实用主义哲学。虽然美国不提"素质教育"的概念，但如只给"素质""教育"两个词，不少美国人也能像"山寨版"杜威一样，将教育的本质如数家珍般娓娓道来。

我分享的种种，是否能成为"洋为中用"的"问题化学习"，是否值得读者从另外的思路进行参考，这就是拙文的本意。

（本文刊发于 2022 年 6 月 21 日搜狐教育、2022 年 6 月 23 日微信公众号镇西茶馆，收入本书时有改动）

从走课制里能"走"出什么

据说，国内有人把"走课"叫作"走班"，我不信。但我的中文软件里找不到"走课"，只有"走班"，这使我不得不信。与"走班"对应的似乎是"坐班"——一个本属于上班族的循规蹈矩、死气沉沉的概念。所谓"走班"还是跳不出传统"班级"的概念。其实，要走的是"课"，是二年级也可以走三年级的"课"的生机勃勃，是从"大乱"达到"大治"的选课机制。

一般来说，美国孩子从初中就开始"走课"。一下课，学生们匆匆忙忙赶到自己的锁柜（每人一个放课本和衣物的小柜子）旁，取出下一节课的课本，慌慌忙忙跑向下一间教室……只一会儿，闹哄哄的教学楼又"走"得干干净净。

从这种乱哄哄的走课制里，能"走"出什么来呢？

一、解放个性

没有个性就没有创造性，因此，培养创造性的前提是保护孩子的个性，解放孩子的个性。

多元智能理论告诉我们：孩子们有着不同的个性特征，只有因材施教，孩子的潜在素质才能充分发挥出来。猴子、老虎、骏马和鱼儿，有着不同的个性特征，统统关在笼子或缸里，不是"屈才"吗？当然，把猴子放到河里，将老虎搁在树上，把骏马牵到山顶，让鱼儿跳进草地，都是阴差阳错地扼杀人才。走课，就是要解放个性，人尽其才。

要解放个性，孩子首先需要有个自我认识的过程。常言道："是骡子是马，牵出来遛遛。"这个"牵出来"，是自己把自己"牵出来"，是自己问自己："我是谁？"这是一个痛苦的认识过程。走课，能协助你发现自我和认识自我。

我儿子矿矿，在赞誉中长大，自以为无所不能。妻子总是说，她教矿矿画得一手好画，但我却没有教会孩子唱歌。

我说，能怪谁呀？我一开卡拉 OK 机，你和矿矿就往楼上跑，只剩下我和两只狗。

我喜欢唱中国歌，矿矿喜欢唱美国歌，没办法教。更何况，人总是有缺陷的，有些东西是教不会，学不来的。比如，矿矿唱歌就五音不全，荒腔走板。

有一年，矿矿要参加学校的歌剧社。考试的曲目是《奇异恩典》。考试那天，矿矿在他的房间里唱啊，练啊……

听到儿子房间里传出的"噪声"，我的心里别说有多难受。我很想告诫儿子：别唱了，你考不上的。但当我把矿矿叫到我的书房里时，从来都爱嬉皮笑脸、插科打诨的儿子，这次却很虔诚、很认真地请求我："爸爸，您能不能教我唱一下这首歌，特别是这一句……"我下意识地把已到嘴边的话又硬生生地吞了下去。对孩子说真话，这正是父母的"罩门"！其实，真话也是说过的，但发现自我和认识自我是旁人代替不了的，非得自己把自己"牵出来"，让自己痛苦一番不可。

那天下午，我忐忑不安地在家里等矿矿。谁知道，他竟然被录取了，还被分配了一个跑龙套的小角色。

看着儿子兴奋的脸，我的心里像打翻了五味瓶……我小心翼翼地从侧面打听考试的情况。儿子说："别问了，人不够，全都录取了，没有不录取的。"

后来，好在他到华盛顿特区去参加一个重要的活动，耽误了一些排练，就连龙套也不用跑了。

实际上，在上课和排练的过程中，孩子已多次问过自己"我是谁"的问题。在走课中，孩子会在不断的磕磕碰碰中发现自我和认识自我……我告诉儿子：我刚秃顶时，热衷于"地方支援中央"的发型；后来干脆敞开来开自己的玩笑，反而利用了弱点。矿矿很能说笑话，于是荒腔走板反而成了他搞笑的亮点，又于是，利用弱点反而更有个性。

把个性从笼子或缸里解放出来——给猴子一棵树，给老虎一座山，给骏马一片草原，给鱼儿一条河流，你将看到一只活蹦乱跳的顽猴、一头威风凛凛的猛虎、一匹绝尘千里的骏马、一条闯荡江湖的游鱼。

走课（让孩子选择符合自己特点的课程）能帮助孩子发现自我，认识自我，解放自我，选择自我。

然而，能让人发现自我、认识自我、解放自我、选择自我的走课制，却成了中国留学生在美国大学里，最惶惑、最煎熬、最挣扎、最不适应的环节。

二、重视人性

我们往往认为，把具有不同能力和个性的孩子放在同一个班里，以同样的进度教同样的课程，是公平的、人道的。

其实不然。

在美国，学生的成绩属于个人隐私。老师不能把学生的成绩分成三六九等公布出来。我在课堂上给学生发回考卷，卷面都得朝下，以免被他人看见。尽管如此，谁学习好谁学习不好，实际上一目了然。这在中小学表现得更清楚，学习好的、聪明的都在天赋班。此外英语、数学等必修课也都分快慢班。进快班还是慢班，老师的建议起决定性作用。当然，学生也有选择权。如果学生和家长坚持要换班，学校多半也不反对。在决定进快班还是慢班前，学校一般会让孩子带回一份建议书，家长考虑清楚后才签字。

1996年，我们搬家，矿矿转到新的小学，只读了一年，就上初中。临毕业时，他的homeroom teacher（有点儿类似于国内的班主任）病了，不能来学校，临时由一个教数学的老师给学生做鉴定。可能是阴差阳错，也可能是该老师想当然地以为矿矿是外国孩子英语肯定不行，或者是其他什么原因，她推荐矿矿上初中时到英语慢班上课。结果，上学没几天，矿矿回家发牢骚，说是英语课上的孩子非常迟钝，他三五分钟就能做完的作业，别人磨蹭了一节课还做不完……开始我们没太在意，还批评矿矿不谦虚。但孩子说得多了，还常常跟我们急，我就去了学校，才知道矿矿确实是上英语慢班。学校向英语老师了解情况，老师也说一定是弄错了，矿矿显然不该来这个班。后来，学校征求我们的意见后，马上把他调到了快班。

不仅妻子对此耿耿于怀，就是矿矿小学的 homeroom teacher，至今也表示费解：到底是什么原因，让那个老师推荐天赋班的孩子到慢班去学习？

其实，根据多元智能理论，天赋班的孩子也有各自的弱点。我之所以提到这个故事，是想说明：把强者放到慢班对强者是一种不人道的折磨；反之，把弱者放到快班也是不人道的。试想：若孩子最多只能举60斤，家长或老师硬要逼着孩子举80斤甚至100斤，这不是人为的悲剧吗？问题是，国内的家长恰恰忽视了后一种折磨，生拉硬拽地把孩子往重点学校、重点班里塞，还美其名曰"压力能变动力"。其实，这恰恰是给孩子压上不人道的"负"！

当然，美国也有人反对分快慢班。然而，主张分快慢班的美国人往往会拿出一个跑步的比喻来论证自己的主张：三个朋友出门跑步锻炼，跑着跑着，不同的步伐、不同的要求出现了：A觉得速度太快，要求放慢速度；B则觉得速度慢了一些；C也要求加快步伐。于是，这种对不同速度的要求产生了以下一系列问题。

1. 同样的步伐能不能满足不同的需求？

2. 朋友间的融洽是一种需求，锻炼身体也是一种需求。如果A要求B和C放慢速度陪他，陪一段可以，甚至全程陪一两次也可以，但B和C能放弃锻炼，长期陪A吗？

3. 如果速度较快的B和C在一起跑步感觉更好，跑得较慢的A是不是与和自己速度相近的人在一起也感觉更好呢？

4. 如果B和C不得不天天放慢步伐陪A，A会有什么感受呢？

5. 假若B和C不放慢步伐，A是否会吃不消呢？

6. 因为跟不上B和C，A是应该干脆放弃锻炼，还是应该选择适合自己的步伐和速度，坚持锻炼？

从上面这个比喻，我们可以看出：美国学校通过走课制来分快慢班、荣誉班、大学先修课程班等，除了便于教学外，更重要的是让孩子能有一个适合自己的学习环境。因此，除了老师推荐外，孩子和家长也有权选择快慢班。为什么美国家长不像许多中国家长那样一定要孩子上快班？答案很简单，孩子应该选择适合自己的步伐和速度，坚持"锻炼"。

如果说"各尽所能，按需分配"是人类理想社会的生活状况，那么，走课制就是"各尽所能，按需分配"的理想教学机制。

三、培养独立性

没有独立性，创造性就无从谈起。而如何走课，走什么课，为什么这样走这些课，孩子必须独立完成思考和抉择。

有一年，我在某电视台做节目，话题是"减负"。

让我瞠目结舌的是，参加节目的好学生、班干部都对（因减负）取消晚自习无所适从，不知自己在家该干啥。因为过去晚自习的内容，都由老师安排。现在有了不被安排的自由，反而不习惯！

国内不少大学生给我写信：面对大学的走课制，没人像高中老师那样强制自己学习，反而惶惶然不知所措。

在这方面，美国大学生更成熟。因为从小学毕业就开始实行的走课制，极大地帮助了孩子在发现自我、认识自我的过程中，培养自己的独立判断能力，为自己寻找独立的人生规划。

矿矿 15 岁时，曾经写过自己在走课制中的惶惑、痛苦、挣扎。之所以惶惑，是因为抉择得自己做；之所以痛苦，是因为责任得自己负；之所以挣扎，是因为道路得自己走。

这是你自己的未来

上个学期结束前，我必须做出一个对我来说十分重要的决定：是否继续在美术班学下去？

因为我面临着下个学期美术课和电脑课在课时安排上的冲突。上美术课，就不能修电脑课；反之，上电脑课，就没法选美术课。

美国高中开有很多选修课，学生可根据自己的爱好及未来的职业发展，考虑选相应的课。美术课和电脑课都在我的选修之列。

默乐高中美术班名气很大，30个名额竞争非常激烈，大多数同学早就认准了自己的未来职业追求，比如建筑设计师、广告设计师、美术编辑、卡通片创作者、漫画家、画家、画廊老板……

以业余爱好为目的的，可能仅我一人。

我喜欢画画，也画得一手好画；但我也非常喜欢电脑！更重要的是，在我心里，电脑更可能直接或间接地与我未来的职业有关（作者注：约16年后，孩子还真利用自己的电脑技能，成功地逆袭了一个赔偿金额达7.5亿美元的官司，这是后话）。

学期快结束了，同学们都忙着制订下学期的学习计划。我犹豫再三，最后还是下了决心。

爸爸说，前途是你自己去"走"的，想好了，就走下去。

我的绘画是妈妈启蒙的，她为我失掉这么一个优秀的美术老师感到非常伤感！

选电脑课，就得放弃美术。

这真是一个十分艰难的抉择呀！

然而，最难的是怎么把我的决定告诉罔达修士（作者注：这所教会学校的美术课老师）。

一天，老罔达非常开心。不能再拖了，我告诉他我的决定："从下个学期起，我不再选修您的美术课了。"

要命的是，老罔达根本不信，起身就走，还顽皮地冲我笑一笑。我追上去，拉着罔达修士，把刚才的话又说了一遍。

他听着听着，又笑了起来，打断我的话，幽默地说："矿，快去画你的画，要不就没有幸运饼干啦！"（作者注：美国的中餐馆，都给顾客一种叫"幸运曲奇"的小饼干，饼干中包着一张小纸条，上面写些祝福的话。）

罔达修士根本就不相信我的话。他还以为我在开玩笑！

我足足花了15分钟，很认真地对他说了一遍又一遍。

最后，他半信半疑地、惊诧地看着我，用一种我从未见过的严肃神情对我说："矿，你说的是真话？"

看起来，我的决定真的伤了老人的心。

接下来的几天，我很艰难地试图向他解释为什么会有这么个决定。我从来就没有想过要成为一个画家，或以画画为生。但是在发现自己这方面的才能后，又很不愿意放弃自己的兴趣。

我烦恼地对他说："我也不知道该怎么办，但我又必须尽快决断。"

罔达修士平静了下来，他直勾勾地看着我说："矿，你可以成为一个最好的……你知道吗？在班里，尽管你平常总是嘻嘻哈哈，但真正的天赋就在这里呀！"

这真是一个十分艰难的谈话。当老罔达从他的办公室里找出一沓入学考试时学生画的图画时，我几乎让自己改变了主意。

他把手中的几张画递给我，说道："这是以往默乐美术班最好的毕业生入学考试时留下的画。"

然后，他又给我另一张画，那是我在考这个班时画的。

他没有正面看我，平静地说："比一比！"

我当然知道老罔达的潜台词。

就在那一刻，我感到罔达修士忽然间老了，那种"老顽童"特有的幽默、机灵一下子都消失了。

老人喃喃地说："我也不知道该对你说些什么，这是你自己的未来……"

我的心里也难受极了。

他那我从未见过的忧伤的神情，恐怕数十年后还会留在我的脑海里。

我强装笑脸，又同他开起玩笑来。我向他发誓，在今后的三年中，每天我都要到他这里来，来跟他斗智、斗嘴、斗趣。

后来，听美术班的同学说，老罔达总是在上课时提到我。

他威胁那些不好好学的学生："小心点儿，你们学不好，下个学期我就让矿再回来，把这个位置留给矿。"

嗨，老周达，老顽童，真对不起您！

今生今世恐怕是没有机会再修您的课了，但从您那里学到的东西，会伴随我一生，到天涯海角。

走课，并不是一个简简单单的选课过程，而是一个发现自我、认识自我、解放自我、选择自我、砥砺独立性的艰难的心路历程。

当然，从这个"以学生为本、以学习为中心"的走课制里，除了能"走"出"解放个性""重视人性"和"培养独立性"以外，还能"走"出许多其他东西来。比如，每个学期学生的选课对老师将是不断的促进和刺激，老师要吸引学生，就不能一本经念到底，这样老师之间就会形成竞争机制，他们必须互相学习，必须不断地更新观念，更新知识，尝试新的教学法。又如，学生有更多机会接触不同的老师和不同的学生，就会促进师生间和学生间课上与课后的交流。实行走课制的世界一流大学都非常重视课后的学习和交流。著名的哥伦比亚大学拥有 79 位诺贝尔奖得主，居全球名牌大学诺贝尔奖排行榜第二位。该校招生办执行主任弗达（Eric Furda）先生曾跟我说："我们有一个非常强烈的信念：无论课内课外，学生之间能相互学到许多东西。"而走课制正为那些志趣相投、志同道合的师生（特别是学生）提供了一个课内课外互相切磋、共同研究、深入学习的机会，营造了一个畅所欲言的探讨氛围和生动活泼的学术生态环境。

（本文刊发于 2014 年 9 月 2 日《光明日报》，收入本书时有改动）

STEM 是中国教育的希望吗

一、插曲、段子、革命和希望

许多人把 STEM 看成教育的希望。比如，"知乎"上就有人甚至称之为"教育的革命"。

这么大的来头，STEM 到底指什么？

这是四门课的英文首字母的组合：S 代表 Science（科学），T 是 Technology（技术），E 为 Engineering（工程），M 即 Math（数学）。

这四个学科的组合有点儿来势汹汹。

STEM 教育源于美国。早在 1986 年，也就是中国首次提出"素质教育"前后，美国国家科学委员会就提出了"科学、数学、工程和技术"的教育计划。

十年后，1996 年，美国国家科学基金会发表了《塑造未来：透视科学、数学、工程和技术的本科教育》的报告，并提出"大力培养 K–12（作者注：从学前学校或幼儿园到高中）教育系统中 STEM 教育的师资问题"。

后来，小布什和奥巴马总统先后从国家的战略角度要求重视 STEM 教育。2013 年美国发布了新的科学教育标准。大概在此前后，有点儿来势汹汹的美国 STEM 教育也开始传入国内。

现在，国内许多稍有实力的学校都先后开设 STEM 课程，培训机构更是推得如火如荼。

STEM 是教育革命吗？ STEM 能给中国教育带来质变吗？

我们先请时光老人往回翻一个一百年的跟头，看看是个什么情况。

首先是从 1861 年到 1895 年，历时约 35 年的洋务运动。洋务运动主要是想从发达国家直接搬来"看得见，摸得着"的技术和工程。

在洋务运动期间，发生过一个发人深省但又被人忽略的历史插曲。

1886 年，英国传教士李提摩太再次来华。这次，他撰写了小册子《七国新学备要》（作者注：英文名为 *Modern Education*，又译为《现代教育》），介绍当时世界上最先进的七个国家教育发展的情况。李提摩太给北京的高官们分发了这本小册子。

据说，他带了一本到天津给时任直隶总督李鸿章。"二李"有了一段对话。

李提摩太建议清政府每年投入一百万两白银进行教育改革。李提摩太说，这是"种子钱"，必将带来百倍的收益。

李鸿章问："何时能见成效？"

李提摩太说："大约需要 20 年才能看到实施现代教育带来的好处。"

李鸿章说："噢……那我们等不了那么长时间。"

八年后（1894 年）甲午战争爆发。洋务运动以北洋水师的惨败宣告结束。

二十多年后，国人意识到直接搬来"技术和工程"的"硬件"（坚船利炮）是不够的，因为仅仅搬来坚船利炮（what）和怎么操作（how）还是有缺陷的，必须知道最基础的原理（why），必须有能操作它们的"软件"——科学。因为科技不分家嘛。于是，新文化运动倡导引进 S（Science）先生。

S 先生被引入中国一百年了，但因为没有引入 E 先生——不是 Engineering 的 E，而是 Education 的 E——没有以 E 先生（现代教育）为载体，以致 STEM 翻了个跟头，也摔了个跟头。那正是"二李"因 E 先生谈崩的代价。

我在很多场合讲过一个段子。

20 世纪 70 年代，中美两国派教育考察团互访，双方曾惊人地做出同样的预言："再过 20 年，中国的科技将远远把美国甩在后面！"

20 年后，双方的预言没被现实验证。

于是，又有一个段子接着我那个段子产生了。

中美两国又派代表团互访，了解 STEM 教育的情况。

中国代表团惊叹："美国从小学就开始 STEM 的实操啦……"

美国考察团也惊叹："中国大学生的专业大多是 STEM 唉……"

段子归段子。那么 STEM 能给中国教育带来质变的希望吗？

为什么看到美国从小学就开始 STEM 的实操，中国代表团惊诧不已？

有人认为，跟科学知识普及不同，STEM 不仅意味着对科学知识的认知，更强调动手和实操，因为技术教育是一种探究性教育。

错！难道科学、工程、数学教育就不是探究性教育吗？这种解读，没点中 STEM 的要害。

为什么 STEM 一个跟头十万八千里，仍翻不出佛祖的手心？

玄机有点儿深。

二、兔子、乌龟、科学和数学

STEM 是中性的，是既可以为应试教育又可以为素质教育服务的工具和武器。只有不忘初衷——用素质教育去"引爆"STEM，才能产生良性的、为我所用的"核裂变"。

我们以排在首位的 S 为例。

科学教育有一个不大不小的误区：以为科学教育就是教授科学知识，而不是用科学三要素（科学的目的、科学的精神和科学的方法）去培养科学思维。因此，我们往往只满足于学习一些科学常识，而没有意识到具有更大"核能量"的科学思维为何物。用科学思维和科学三要素可以寻求、发现、获取、验证（证实或证伪）科学知识。只学科学知识，忽略科学思维，就是反裘负薪。

还有一个更迷惑人的陷阱：不培养孩子的科学思维，反而用伦理道德来代替科学知识和科学思维。

大约是我儿子来美国的第三年，某天，我无意中读到理查德·斯凯瑞（Richard Scarry）写的《小兔子之书》，不禁倒抽一口凉气！在书的结尾，我读到了与我们传统的（广义）道德教育完全相反的内容："乌龟总以为它们能在赛跑中击败兔子……但他们根本就不可能做到！"天哪，西方人也拿龟兔说事！其实，《龟兔赛跑》是舶来品，出自《伊索寓言》。据说，伊索可能比孔子还古老。有趣的是，其浓重的道德色彩让国人竟将其"舶来"成中国式思维。

我当即问儿子："乌龟能在赛跑中击败兔子吗？"

儿子想都不想："当然能啦！"

我又问："为什么？"

儿子说："兔子太骄傲自满！骄傲可以，我也骄傲，但是班里的美国小朋友还是没能追上我，因为我不自满！"

也就是说，如果骄傲的兔子继续跑，仍然能甩乌龟几条街。儿子已快追到答案的边缘。

过了五六年，在我写《素质教育在美国》时，我再问儿子："乌龟和兔子谁跑得快？"

他不屑地哼一声，竟然懒得回答。

看我非要他答不可，就不耐烦地问："乌龟能与兔子赛跑吗？"

我问："为什么不能？如果兔子骄傲自满呢？"

儿子答："这只跟速度有关，跟骄傲没半毛钱关系！"然后，不屑于再讨论此话题。

有一年，我问南京东方中英文学校"黄全愈素质教育实验班"的50多个一年级的小学生："乌龟和兔子谁跑得快？"

小朋友们异口同声："乌——龟！"

我想了一下，给孩子们列出四种情况：一是兔子骄傲，乌龟不骄傲；二是兔子骄傲，乌龟骄傲；三是兔子不骄傲，乌龟骄傲；四是兔子不骄傲，乌龟不骄傲。

孩子们全蒙圈了：只有第一种情况，乌龟有可能（仅仅是"有可能"）追上兔子。

发人深省的是，问100个中国孩子，再问100个美国孩子，你肯定会以为《龟兔赛跑》是中国的寓言。

为什么同一个问题，会有完全不同的答案？其实，这个现象的背后，是两种不同的思维模式，以及对科学三要素认识的差异。

我们更愿意孩子从这个西方人写的故事中学到深刻的哲学含义和道德情怀。

西方孩子不在乎他们自己人写的寓言，只重视兔子比乌龟跑得快的科学知识。

美国的不少机械，例如，我家的割草机，变速挡的标志赫然用两个箭头分别指向乌龟和兔子。这是国际通识标志：乌龟标志慢速，兔子标志快速。不讲哲学，只有常识。

兔子跑得快，就会骄傲自满，这只是个寓言故事，没有必然性；而兔子比乌龟跑得快，则是科学常识，也是自然规律。

要让孩子像科学家一样思考问题，就必须用科学三要素来培养孩子的科学思维和科学观。

科学的第一个要素是科学的目的——去发现各种规律。

兔子比乌龟跑得快，这是科学常识。若某天，打了激素的乌龟比兔子跑得还快，则另当别论。而"先进必定自满，落后必然奋发"的判断，是没有必然性的。科学的目的是去发现各种规律，若用道德教育绑架科学教育，那怎么去发现规律？

科学的第二个要素是科学的精神：质疑、独立、唯一。

孩子们只有认识到科学知识的相对永恒性，才会具备批判性思维，才能独立地面对权威，才能孜孜不倦地追求真理，才能突破人伦关系做到"吾爱吾师，吾更爱真理"。

科学的第三个要素是科学的方法：逻辑化、定量化、实证化。

《龟兔赛跑》的寓言，让孩子们把什么逻辑化、定量化、实证化，统统抛到九霄云外！

如果说雪崩来临时，没有一片雪花是无辜的，那么，如果有 90% 的孩子不假思索地认为乌龟比兔子跑得快，这恐怕比股市崩盘好不了多少。没有科学精神的孩子、人云亦云的孩子、跟着老师指鹿为马的孩子，不有点儿瘆人吗？

我们用不知何时舶来的西方寓言绑架西方的科学，STEM 教育能不翻跟头吗？

除了"道德绑架"，知识也能束缚思维。

前两年，有一个15岁的美国高中生到波士顿旅游。在参观科学博物馆时，他发现了一个已存在34年之久的错误。后来，博物馆给他回信："你是正确的！……我们会改正这个存在了34年的错误。"

我的一位微信好友，很有感慨地幽了自己一默："我就是存在了34年的错误！"因为他一眼就能看出这个错误，但他不敢怀疑美国大名鼎鼎的博物馆会有一个存在了34年的错误。他只有辨别错误的科学知识，而没有质疑错误的科学思维。换言之，不培养科学思维，光有科学知识，知识就会成为负担。只有当科学思维盘活科学知识时，知识才是力量。从这个意义上说，"减负"就是要培养科学思维，去减轻长辈的权威和人为的标准给孩子的负担，把死知识激活为青春洋溢的创新动力。

再以末位的M——中国教育者再熟悉不过的数学为例。

乍一看美国小学一年级的数学课，确有"磨洋工"之嫌。你信不信培养"从0到100的数字意识"，要花一周时间？

一位美国数学老师给我讲了半天，我还是不理解为什么学习从1数到100，要数整整一个星期。

她说："要孩子从1数到100不难，难的是要让孩子理解每一个数字——这个符号和声音背后的数学概念……"

有一天，闲聊中，一位美国朋友想认中文的"一"到"十"。我突然发现，因为形和义一致，认"一""二""三"，特别容易。即使是"十"，也容易，我说："中国古代采取十进位制，从'一'开始，到了'九'以后，在'一'上加个'|'就成了'十'（作者注：这样说是为了便于美国朋友简明、形象地理解'十'的含义），表示到此为止，进一位重新开始。"但是理解"四"到"九"并会数"四"到"九"，就不容易了。

许多"追星赶月"的老师把"数学"教成了"算术"；那么，有的美国老师是怎样教"数学"，而不是教"算术"的呢？

读博时，班里有个叫卡熙的在职小学校长，给了我一份课堂实录。

一位住在湖边的老人养了狗和鸭。某天，老人看到了5个头和14只脚，他看到了多少条狗，多少只鸭？

同学们纷纷举手。

学生A："设两个公式就可算出答案：一个解决脚的问题，另一个解决头的问题。"

学生B："设狗头为x，鸭头为y，$4x+2y=14$。"

学生C写道：$x+y=5$。

老师："大家不要急于用公式计算，我们先来猜一猜答案！"

学生们都成了"丈二和尚"。

老师："你们不吭声，那我来问：5条狗和4只鸭，对吗？"

学生（轰然）："不对！那就有9个头啦！"

老师："好，我们再在脚上做文章。"

学生们你望着我，我望着你……

老师："狗不少于4条，怎么样？"

学生B："不对，看我的公式：脚的总数是14，而4条狗就有16只脚。除非老人喝醉了，把自己的脚也数进去了！"

哄堂大笑！

老师："老人没喝醉，是我喝多了。那能不能是3条狗呢？"

学生们陷入思考……

学生C："也不对！看我的公式，共有5个头。3条狗有12只脚。这样就只剩2个鸭头和2只鸭脚。除非每只鸭只有1只脚！"

又是哄堂大笑！

老师："假设它们都不缺胳膊少腿，该有几只鸭呢？"

学生们再也不沉默了，开始议论纷纷……

老师："如果狗少于3条，我们能在鸭的数量上做文章吗？"

学生D："狗少于3条，鸭必须是3只，否则凑不够5个头。"

老师："3只鸭有几只脚？"

学生："6只鸭脚。"

老师："好，这样一来，狗的数目……"

学生A："狗只能是2条，狗脚……"

答案呼之欲出。

老师高兴地大笑："好！请用公式计算吧。"

这时，再用公式计算，小菜一碟：2条狗和3只鸭。

学生B有些不高兴："老师，看您那么高兴，我倒有些费解了。这个2条狗和3只鸭的答案，我们推理来推理去，花了一节课。其实，一开始就用公式，一分钟就能算出来……"

老师情不自禁地说："你提出了一个比'几条狗和几只鸭'更有价值的问题。为什么一开始我们没用公式计算，而是花了一节课来走完整个推理过程？"

学生E："我们浪费了不少时间去推论那些不正确的答案。"

学生C："我不同意'浪费'的说法。有时候，你不能证伪一个答案，你就不能证实另一个答案。"

学生F："但是，值不值得花一节课的时间？"

学生们七嘴八舌……

老师会心地笑了："谢谢大家！数学课不是教算术，更不是用一个似懂非懂的公式去计算一个只有用公式才能得到的答案。靠公式告诉我们做什么、怎么做，我们充其量是个计算器。真正理解为什么这么做是对的，为什么那么做是错的，就不简单了。知道点击电脑的什么地方，电脑会怎么反应，那是普通人的操作。只有理解为什么点击这里会产生这个反应，为什么点击那里会产生那个反应，才能成为设计电脑内核的程序员。我们要的是通过演绎推理和归纳推理来证实或证伪某些答案，并在这一过程中培养推理能力……"

所谓"算术"，计"算"之技"术"也，属"术"类。

"数学"是关于"数"的"学"问，寻求"数"与"学"之间的道理，讲的是"道"——数学思维。

训练孩子的计算之术，还是培养孩子的数学思维，是"术"与"道"的分野。想一想，为什么我们的孩子年年拿国际奥数大奖，但这些"学霸"至今无人问鼎国际最高数学奖菲尔兹奖，而美国STEM教育却收获了27枚菲尔兹奖呢？

三、创造、黏合、艺术和数学

我对美国特别强调STEM这四门课不以为然，就像对总统也来凑考试的热闹一样不以为然，对在STEM课程中再加上A（Arts）成为STEAM，更不以为然！难道其他学科，诸如体育、英语、社会研究等，就不重要，就不应该入列吗？

当然，我对许多中国学校因中考、高考不考艺术而忽略艺术课，更加不以为然！

然而，我对美国教育用以创造性为核心的素质教育作为黏合剂把各门学科"混为一谈"，倒挺欣赏。

我们看看美国小学五年级是怎样把艺术和数学"一勺烩"的。节录一份教案中的数学与艺术"联姻"部分，以飨读者。

教案设计者卡罗尔·考利（Carol Cawley）和贾尼丝·莫特（Janice Mort）设计的教学目标如下：

1. 通过拼图去理解艺术和数学之间的关系。
2. 培育学生综合运用知识的技能。
3. 分析在现实生活中发现的拼图图形。
4. 通过发散性思维和聚合性思维去评价艺术作品。
5. 进一步开发学生对对称图形的理解和欣赏能力。

教案列出了14种教学活动的实例，其中第13、第14种非常有意思。

13. 按照大自然中的图案做拼图（额外要求）

A. 老师

讨论在大自然中发现的拼图例子。例如，那些有拼图图案的动物（长颈鹿、鳄鱼、乌龟、牡蛎）或它们的窝巢。

B. 学生

罗列或画出那些在大自然中发现的拼图例子（包括对称的拼图）。

14. 植物中的斐波那契数（额外要求）

A. 老师

把这些数字写到黑板上：1，1，2，3，5，8，13，_____，_____，_____，…然后请学生去弄清楚斐波那契数列，并填空。

（作者注：这些是从生物界的自然图形中发现的神秘而又有规律的排列数字，如许多花的花瓣的数目是1，1，2，3，5，8，13，21，34，55，89，144，…这个数列中的数字。这个数列的规律是其中每一项都等于前两项之和。以34为例，34前面是21、13，34=21+13。这种无法解释的神秘数字存在于大自然中许多对称而美丽的图案中。）

B. 学生个人独立完成作业或小组合作完成作业

1. 用斐波那契数去研究大自然中的图形。

2. 展示不同植物的叶子上包含的不同数字（点数）。你能够用斐波那契数去说明你在大自然中发现的图案吗？

教案设计的教学"评估"，也非常独特。

对学生技能积累的预测，是用来了解学生是否为创造自己的拼图而具备了对几何概念的必要理解。

低层次思维、高层次思维、学生对课堂讨论的参与、课堂气氛、学生的意见等，都通过［伦苏理（Renzulli）设计的］课堂活动问卷调查来检测。

美术评估和学生的自我评估也被用来检测教学效果。

［这份教案源自《为天赋学生设计有效的课程》（*Planning Effective Curriculum for Gifted Learners*）一书］

教案的构思很有创意：展示善于拼图的荷兰艺术家埃舍尔（Maurits Escher）的数学模式，让学生通过交叉学科的视角去观察大自然、艺术和建筑的"美"，从而产生对拼图组合的理解和审美情趣。

首先，学生要理解一些重要的概念：①常规拼图（三角形、六边形等）；②半常规拼图；③埃舍尔的拼图；④变形拼图（移动、转动、反射等）……

其次，学生要把书本上的概念延伸到现实生活中，诸如大自然中美妙的拼图、各种对称的图形、植物中的斐波那契数、非常规多边形填空模式、晶体形，等等。

对这份教案，不知您有何感想？有几点值得注意。

第一，我原以为翻译一份小学五年级的教案不过小菜一碟，谁知，我不得不咨询许多人（包括大学教授、教天赋班的小学老师、曾读过天赋班的大学生等），并查阅不少资料，才勉强翻译下来。

第二，这份教案是为了帮助学生把对数学（几何）概念的理解创造性地运用到实际生活中。例如，用斐波那契数去说明在大自然中发现的图案等。这份教案强调的是艺术和数学的有机结合。在对教学进行评估时，采取的方式是问卷调查，而不是我们惯用的考试。

第三，教学活动刚开始可能有些小儿科，也有些乏味，但随着活动的开展，内容越来越艰深，也越来越有趣。通过交叉学科在实践中的磨合，把孩子的兴趣激发起来，其后劲不是考几个数学概念能比的。

第四，完成这个单元的教学，教师需阅读 26 份参考资料，包括 14 本书；学生需要读 4 份参考资料，包括 3 本书。据说，正宗的"内功心法"讲究循序渐进，打牢基础；"邪派武功"只强调"快餐"速成、立竿见影。小学教育就要求师生如此严谨治学，不得不让人深思。

四、跟头、手心、素质和教育

美国教育经常花样翻新，大家八仙过海，各显神通。比如，扎克伯格投入巨资的 Altschool、特许学校、GRIT 教育 [含 grit（坚毅）、zest（激情）、self-control（自制力）、optimism（乐观态度）、gratitude（感恩精神）、social intelligence（社交智力）、curiosity（好奇心）]、全人教育、学习科学、设计思维、创客空间、多元智能、儿童哲学，还有

"虎妈"的《向上流动：接近成功的三要素》，小布什也凑热闹来个官方的《不让一个孩子掉队》法案……这些让国人眼花缭乱，应接不暇。其实，五花八门也好，八仙过海也罢，再怎么"翻跟头"也是万变不离其宗——素质教育！

我们来看看，为什么美国花样翻新的STEM翻不出无形的"手心"——素质教育。

STEM强调的只不过是什么课程而已，素质教育则解决了怎么去学习和为什么要这样学习的制高点。STEM仅仅是台上的演员，素质教育才是决定演员行为举止的编导。为什么这样说？因为美国的素质教育已经解决了培养批判性思维、创新思维、独立思考、以渔、会学、学以致用等思维方式和行为能力的问题，剩下的就是学什么、教什么的流程。否则，没有佛祖法力无边的"手心"给素质教育打造舞台，应试教育一个跟头就能翻出去了，不是吗？翻来翻去，恐怕还是应试教育的考什么就教什么、学什么课程的老问题。也就是说，只有打好素质教育的底色，才能确保STEM不跑调，不掉色，不变味。

因此，中国教育当前要解决的是素质教育的底色问题，而不是STEM的具体课程问题；是一栋大厦的基础问题，而不是大厦的门窗问题。美国人强调STEM，是因为在这些所谓"重要"的学科上，他们感觉存在"危机"。难道在美国人眼里体育就不重要，英语就不重要？所以，不是重不重要的问题，而是有没有危机感的问题。说到"危机"，美国人是年年讲，月月讲的。实际上，美国的这些学科并不弱，是他们"感觉"弱。这种危机感，让他们常常唱衰自己，以期警钟长鸣。1957年10月4日，苏联的人造卫星上天，美国朝野一片慌乱。细思极恐：科技落后在于教育落后。于是，美国甚至开办了专门培养少年天才的学校。也可以说，STEM折射的不是美国的危机，而是美国人的危机感。

中国教育的"危机感"不应该来自STEM这几个学科，我们应该给所有学科打上教育的根本底色——素质教育。真正实施了素质教育，STEM的门窗就会通透明亮。否则就是本末倒置——只修门窗，不打地基。

以为可以用 STEM 代替素质教育，无异于自己惩罚自己——其让人受到的内伤远比因外力惩罚而受到的伤害要重。如若 STEM 教育仍然是"考什么，就教什么，学什么"，以科学教育为例，也只能是传授科学知识，背诵和积累科学知识。这是"学会"，不是"会学"；是知识积累，不是能力培养；是死的"鱼"，不是活的"渔"。这是穿新鞋走老路，新意何在？

有人说，STEM 教育是一座可以把四个学科的知识整合到教学中的新桥梁，通过它学生可以把割裂的知识变成一个互相联系的整体。因此，STEM 教育是一种跨学科的学习方法。

其实，素质教育才是 STEM 跨学科教育的黏合剂。君不见，上述美国小学五年级的教案，不是把数学和艺术有机地结合在一起了吗？ STEM 教育的唯一出路是推行素质教育去培养创新能力、批判性思维、独立思考等核心素质。否则，"考什么，就教什么，学什么"的应试教育还会是 STEM 的黏合剂，这样的 STEM 不过是换了新封面，但缺乏思维、缺少灵魂的旧课程。

根据谢小庆教授的文章，下图为加州大学研究人员于 2011 年发表的一款售价为 549 美元的苹果手机的价格构成图。

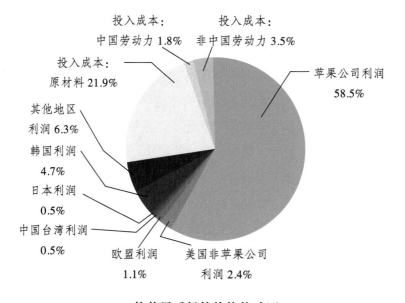

一款苹果手机的价格构成图

苹果公司获得了 58.5% 的利润。自我感觉良好的郭台铭的组装公司切到的蛋糕，仅为苹果公司的零头的零头，可怜得几乎可忽略不计。

苹果公司凭什么赚得盆满钵满？因为它掌握了核心科技！核心科技从哪里来？来自与信息革命相得益彰的素质教育！也可以说，得益于以素质教育为催化剂的课程设计（包括 STEM 教育）。

当然，组装苹果产品，也需要 STEM 教育。比如，需要 S（科学知识），也不能缺了 T（技术），还要有 E（工程），最后还不能没有 M（计算）。然而，那都是死记硬背的"仅为苹果公司（素质教育）的零头的零头，可怜得几乎可忽略不计"的 STEM 教育。

工业革命之于教育可能有其负面影响，但工业革命毕竟引爆了科技的井喷，解放了人力，呼唤了创造……因此，1886 年李提摩太向李鸿章推荐的教育应该已有素质教育的影子，甚至胚胎。有"现代教育学之父"之称的杜威，1884 年已在大学教书，著书立说……李提摩太的《七国新学备要》成书年代，基本应该是同一时代。

倘若当年就开始推行现代教育改革，20 年后会是什么样？然而，历史不允许假设，历史只给我们结论：急功近利的"李（鸿章）氏"思维与素质教育背道而驰。李鸿章可能有历史的无奈，等不及 20 年。在"二李"面谈后的第八年，中国惨败于甲午战争。尽管中国海军在舰艇的吨位、航速，火炮的口径等方面不见得处于劣势，有些方面还有优势，但还是不对称地惨败了。因为战争往往不是打武器，而是打教育（比如武器创新、官兵素质、训练质量等）。李提摩太建议每年给（素质）教育投入 100 万两白银的"种子钱"，这些钱 20 年后必将带来百倍的收益。李提摩太算的是 2 亿两的银子账，李鸿章算的是 20 年的时间账。这一算，中国因为《马关条约》赔偿了大约 2.3 亿两银子——仅 19 年，比李提摩太的账簿厚得多。让人唏嘘的是，签《马关条约》的正是李鸿章。呜呼，我们输的不是银子，是教育！教育必须远离"李氏"的急功近利，因为教育需要经年累月的人才培养和递进周期。

有人跟我说："不要再谈素质教育了！20 世纪 80 年代讲的东西，已经过时了……"

我们嘲笑李鸿章的"急功",却没意识到自己更"近利"——一会儿一个花样,什么素养、创客、优质、博雅、STEM……以为换个词儿就可以取代已成为国策的素质教育。

要改变若干个世纪以来"以考为本"的思维模式,素质教育在时间上、空间上,还任重道远。

（本文刊发于 2020 年 6 月 1 日搜狐教育,收入本书时有改动）

创造性是"教"出来的吗

钱颖一教授最近的好文《批判性思维与创造性思维教育：理念与实践》，论述了被视为未来孩子必须具备的核心素质 4C 中的 2C（critical thinking 和 creative thinking）。其中不乏令人击节之处，但学术需碰撞才出火花。

我认为，创造性是教不出来的，因为教违背了教育规律，越教孩子越没创造性。

一、为什么创造性不能教

我曾有一位叫达琳的在职硕士生，是位小学美术老师。她到昆明做短期交流时，很多中国老师问她"在美国的课堂上，怎样教孩子的创造性"，并再三要求她示范。这位美国小学老师感到很困惑：创造性怎么能"教"呢？！无论怎么解释，疑者恒疑。

或信或疑，牵扯到三个问题：什么是创造性？技能等于创造性吗？创造性是怎么来的？

创造必须满足两个"有"的条件：一是"前所未有"，即"创"；二是"无中生有"，即"造"。要做到"前所未有"，就必须打破常规；要做到"无中生有"，就必须在打破常规的基础上产生具有现实意义的东西。没有"创"，顶多是旧饭新炒；没有"造"，就只能是胡思乱想。

钱教授说："创造性思维首先来源于知识。这似乎没有争议。"然而，这个"首先"却有争议。

钱教授设计了一个公式：创造性思维 = 知识 × 好奇心和想象力 × 价值取向。

若公式成立，顺序似应倒过来：知识不应是"首先"，而应放在末位。人类的很多创造都源于对已知知识的无视，或说正因为对知识的无知，才能引爆创造性的第一朵火花——好奇心。越有知，越不好奇，越不敢越雷池。谁敢问"蚯蚓没有脚怎么爬行"？唯孩子无知，才好奇，才有去"知"的欲望——做研究的第一个动力。

另外，好奇心、想象力不应是"和"的关系，因为它们是两个不同的概念，在创造的过程中各具不同的功能。

同时，"创""造"是一对矛盾。"创"的天敌是知识、常规、经验、理智、习惯、正确、成功……总之，过去的一切都可能是障碍。而"造"恰恰需要在"创"打破一切的基础上，去"无中生有"。知识属"造"，应排在末位。

最后，钱教授提到了在创造中价值取向的作用，如短期功利、长期功利、非功利的效用。功利是创造的重要动力，但他最推崇的"非功利"，也可以是不利于创造的、与世无争的躺平主义。而一些于创造来说不可或缺的非智力因素（百折不挠的探索毅力、力排众议的独立性、舍得一身剐的冒险精神等）却遗憾地缺席了公式。正所谓"敢想敢干"，思维（如想象）也需要勇气。许多人在创造中落荒而逃，就是因为哪怕在思维中也缺了不可或缺的非智力因素。

钱教授设计的是"创造性思维"公式，而我深以为，思维是内在的行为，行为是外在的思维，创造性思维是创造过程中的思维活动。离开创造性行为去谈创造性思维，恐成敢想不敢干，只"创"不"造"——只想"前所未有"，不敢"无中生有"。因此，我觉得，设计"创造性行为"公式似乎更有实际意义。若然，简单的乘法难以厘清好奇心、想象力、知识、其他智力因素和非智力因素等的复杂关系。

钱教授认为："创造力的核心是'新'，发现新规律，发明新产品，运用新方法，解释或解决新问题。"

我认为，光是"新"不行，还得"造"出有现实意义的东西。用新方法解决老大难的"旧问题"，或用"旧方法"（知识）解决新问题，甚至用"旧知识"解决悬而未决的"旧问题"，都是创造。脸书用已知的网络"旧知识"解决交友难的"旧问题",不是创造吗?突破某些知识和技能,进而造出有现实意义的新东西,就是创造!若能改变千篇一律的麦当劳食谱,开创出可口并利于健康的新麦当劳,亦为创造!是否"造"出了"新结果",才是创造的关键。另外,创新性和创造性不同,创新性讲究"创"或"新",不一定含"造"。

总之,人的创造性是指能打破常规去产生出具有现实意义的东西的人之特性。

创造性等于技能吗?

技能指"能够掌握运用的某些专门技术",如绘画、开车等。

再看"教"的定义:把知识或技能传授给他人。

现有的知识和技能是已知的东西,如绘画的知识和技能,可从 A 传到 B,再由 B 传到 C;同时,其他人也可重复获得。

而创造性为什么不能教?

1. 已知的、现有的,可以教;而创造是未知的、"无中生有"的,怎么教?

2. 创造是"前所未有"、不可重复的,可重复的是技能。

3. 创造性不能传给他人。正像老师的智力不能传给学生一样,创造性是潜伏在人的生理和心理层面的特质,无法从 A 传到 B。

创造性既然不可教,那能不能训练呢?

训练是"有计划有步骤地使受训者具有某种技能"。

由于许多"教"的内容无对错之分,因此多是点到为止。是齐白石的画好,还是徐悲鸿的好?见仁见智。把知识"传"给学生即可,学生可接受,可不接受(许多老师的"教"过界为变相的"训练",在此不论)。而"训练"从形式到内容都有强迫性。例如,军训要求整齐划一,麦当劳训练员工要求操作统一。

有条条框框、有强迫性、有限制性的训练,与不拘一格、强调破局、强调独特的创造性格格不入。创造性不是技能,而是潜伏在人的生理和心理层面的特质,教不出来,更遑论训练!

创造性(思维)只能培养——从小到大,经年累月地培养!

潜伏在人的生理和心理层面的创造性像种子一样，需要土壤、气候、灌溉、施肥，才能生根、发芽、开花、结果。

创造性不能教，教违背教育规律，越教孩子越没创造性！

教育者的使命是营造利于培养学生创造性的环境和氛围。

二、中国的梅西都在培训班做奥数吗

有人说，最烦人的是足球；有人说，最迷惑人的是教育。

烦人是因为"恐韩"——中国男足总是被吊打；迷惑人是因为中国孩子年年获奥林匹克竞赛奖，但只开花不结果——在诺贝尔奖的终点落后。

不管是烦人还是迷惑人，都跟一个概念——创造性有关。

创造性是怎么来的？到底是训练还是培养出来的？人们不是老爱拿足球说事吗？君不见，正是这个在教育中"剪不断，理还乱"的纠结，使得我们选来选去就是选不出 11 个能冲出亚洲的足球明星。

有人说，中国男足沦落，皆因中国的梅西都在培训班做奥数。中国男足画风不堪，也有许多人认为，皆因球员没文化。若然，只需选 11 个博士，或给 11 个球员恶补文化即可。然而，以我从小踢球的经验来看，成绩好的往往球踢得烂，球踢得好的往往成绩烂。试想一下眯着双眼的"韦神"（韦东奕）踢点球，耸着双肩的范志毅或满身刺青的张琳芃"之乎者也"的模样是什么画风！兔牙小罗有文化吗？梅西又有啥文化？

若不是文化问题，症结又何在？

中国男足只训练球员的技能，不培养球员的创造性！

在中国，培养球员创造性的教练寸步难行。米卢被说是骗子、水货，原因有二。一是他的训练太"小儿科"，从来就没有练技能，只会让球员嬉戏玩球。但他这个"小儿科"奇迹般地把五个国家的足球队带进世界杯！因"小儿科"与神奇的结果反差太大，有人就想到了玄学、特异功能什么的。不过，如果到美国中小学看看，你就会发现怎么都是些"小儿科"的东西，学生坐无坐相，净在嘻嘻哈哈地玩……然而，美国获得

了众多诺贝尔科学奖，其发达的科技就是源于这种"小儿科"。

"骗子说"的第二个原因，别说球迷、记者、教练，就连队员自己都成了丈二和尚：到底从米卢那儿学了啥！实际上，"小儿科"有学问！学问还挺深，包括重知识（技能）传授还是重能力培养、重学还是重用、重执行还是重创造、重外在的教还是重内在的悟……下面试着从"学多悟少"和"学少悟多"的关系，来揭开米卢"小儿科"的"卢"山真面目。

在中国上课，一节课学下来，什么大一小一、带括号的一、不带括号的一……可谓学得多矣。但这些大一小一都是老师传授的"二手货"——知识和技能。在美国学习，我总感到是学少悟多。老师多是营造一个培养环境，让学生参与创造（包括创造自己），因此，学生内心不断地"悟"出自己的东西，而这些东西并不是老师"教"的，更不是老师"交"给我的。

假如要我指出我的素质教育思想中，哪些是我的老师的东西，可谈的确实不多。因为他们只提供平台，营造环境和氛围，剩下的就看我怎么在这个空间里"悟"出自己创造性的东西了。

当年，张无忌跟张三丰学太极剑，赵敏带着阿大、阿二、阿三一伙人在门外等着决一死战。老张问：还记得多少招？小张曰：差不多全忘了！旁人全蒙圈了……

小张的诀窍就是无招胜有招。

米卢只是营造"玩"球的氛围，让队员从中"悟"（创造）出自己的东西！

我们总是逼队员"招供"："到底从米卢那儿学了啥？"都已内化为自己的"招"了，根本没有了米卢的印记。因此，也难怪他的队员时至今日还对"到底从米卢那儿学了啥"语焉不详。

这就是训练和培养的实质区别。

即使训练 14 亿人，也出不了 11 个球星；而乌拉圭培养几十万孩子，却涌现出无数有创造性的球星。

"暴力鸟"保利尼奥司职中场，但进球比前锋还多。我们总是感到困惑：为什么他总能出现在进球的最佳位置？其实，踢球的技能可以训练，而像"暴力鸟"能预判十步的足球意识，以及在瞬息万变和电光石火间创造性地运用足球技能的能力，这种中国男足球员最欠缺的灵性和悟性，是训练不出来的，只能培养。

同理，中国男足模式训练出来的运动员改当教练，难以拥有在瞬息万变和电光石火间预判球赛变化的穿透力与解析力——阅读比赛的能力，难以根据双方几十个运动员的特点，创造性地搭配出能产生化学反应的变阵。这种教练所需要的创造性，更是训练不出来的！

三、创造性思维与批判性思维的分分合合

不敢苟同钱教授说的"创造性思维（creative thinking）教育则是一个在关注创新驱动发展的国家内更加受到重视的话题。在大学中，致力于本科通识教育的人更加关注批判性思维教育。在研究型大学、研究机构、企业、政府中，关注创新的人则更加关注创造性思维教育"。

首先，创造性思维始于婴幼儿时期。孩子把帽子、勺子扔到地下，妈妈捡起来，孩子又扔……这就是孩子在探索世界，在思考怎样与外界互动，怎样吸引妈妈的注意力。这可看作创造性思维的萌芽。也就是说，从好奇、想象、独立、质疑等开始，孩子就进行着创造性思维和批判性思维。到大学才"关注"，为时晚矣！

其次，不宜把批判性思维和创造性思维截然区隔开。创造性思维包含批判性思维，是批判性思维的高级阶段。也可以说，批判性更多体现在创造性的"创"上。当然，批判性思维也可单独培养。

例如，美国某学区 K-12 的语言艺术课（类似于国内语文课），开篇的"童子功"，就是培养孩子的批判性阅读和批判性聆听的能力与习惯。

所谓"批判性"，是指可以用怀疑的眼光去审视一切，但不能盲目地批判一切。批判性阅读和批判性聆听是"质疑—分析—审辨"的思维过程，是在阅读和聆听中"悟"的过程，是发现自己的答案的过程。不仅要求从阅读和聆听中学东西，更重要的是在阅读和聆听中进行分析与思

考，"悟"出自己的东西（包括：①自己全新或部分新的东西；②部分接受或部分反对对方的东西；③全盘接受或全盘反对对方的东西）。当批判性阅读和批判性聆听成为一种习惯时，阅读和聆听就变成一个深度思考、主动学习、自我提升的过程。

钱教授说，提出疑问后，"能够用有说服力的论证和推理给出解释和判断，包括新的、与众不同的解释和判断"。我们常常误以为，"批判性"在于反对、有异议或新意。其实，批判性思维强调的是独立思考、不盲从、有主见。换言之，经过质疑，独立思考，思辨分析，即便最后全盘接受对方的观点，也是批判性思维。可惜钱教授并未旗帜鲜明地点破，并不是一定要对立，才是批判性思维。

钱教授洞察到中国学生创造性思维发育的缺陷，在大学开设批判性思维课程，实属难能可贵。但课程设置在时间（纵向）和空间（横向）上有瑕疵。作为一项教育改革建议，"把培养学生的批判性思维能力作为大学教育的必要环节"，仅提及高等教育，只字不提基础教育，会让人误以为，批判性思维能力不需从小培养，只要在大学设此课程就可以解决问题。批判性思维能力的培养是有时间轴的，它需要从小培养，到大学才培养，因缺少基础教育甚至学前教育的"基础"，恐为无源之水、无本之木，只能是亡羊补牢，聊胜于无——实则难以"大器晚成"！钱教授说，批判性思维"要体现在所有课程和所有培养环节中"。杜威认为："教育即生活。"但国内大学皆有围墙，教育要植根于社会和生活，批判性思维的课程就应该没有课本，没有教室，没有围墙，因为"课程"就是生活。这就是空间（横向）的瑕疵。

总之，创造性（思维）不能教，更无法训练，只能培养。创造性思维和批判性思维不宜截然区隔开，要在有分有合中突出创造性思维的主导性。

（本文刊发于 2019 年 3 月 11 日微信公众号外滩教育，收入本书时有改动）

什么才是"土猪"人生最关键的考卷

"土猪拱白菜"通常是民间调侃"穷汉撩村花"的俚语,与"癞蛤蟆想吃天鹅肉"差不多。这里,我们暂且撇开"穷汉撩村花"的低俗意思,也暂且别管那个自称"农村孩子"的同学是否由父母用轿车接回家,我们只把它看作一个比喻,一个应该有点儿"诗和远方"的励志比喻。

一、小角色也不安地拱

讲一件我儿子在美国幼儿园发生的关于拱的趣事。

当时,儿子一句英语都不会,不,不能说一句都不会,应该说会一句:"厕所在哪儿?"第一天上幼儿园,什么都可以不会说,但这句英语一定得会。说来好笑,他怕忘了,就老是念叨这句英语。幼儿园老师每听到一次,就带他去一趟厕所。可能老师心里也很纳闷:这孩子是不是闹肚子?为啥整天上厕所?

后来,班里的小朋友表演根据童话故事《小鹿斑比》改编的儿童剧。老师给我儿子分派了一个小小的角色,去跟鹿王的儿子斑比表演顶角比赛(就是用头上的角对顶,也就是对"拱"的比赛)。我儿子扮演在与斑比的顶角比赛中"一败涂地"的无名小梅花鹿。儿子这个初来乍到的中国小子,啥都不会,只会一句英文"厕所在哪儿",自然也不知道什么鹿王的儿子斑比不斑比的。儿子这只土猪只知道他不能输给任何人。扮演斑比的是全班个头最大的同学,在顶角比赛时,儿子使出全身力气硬拱过去,鹿王的儿子捂着头号啕大哭。剧情突变,表演乱成一团……

我们曾想把录像带寄给一个叫《搞笑的趣事》的电视节目,但当时囊中羞涩,最终没寄。

二、"土猪"该不该"拱白菜"

实际上,"土猪拱白菜"的要害是拱,而不是其他。

我们首先来看一看,土猪该不该拱白菜。

其实,是只土猪,都该拱一拱阶层固化的壁垒,否则难以出头。说起来,拱的道理很浅显:一旦阶层固化,就会造成一成不变的"世袭"DNA,社会就会变成死水一潭,就没有新鲜活力,就贫于积极进取,就缺少城乡流动,就鲜有波澜变化,就匮乏改革动力……君不见,改革开放就拱出了一片"诗和远方"的新天地。

然而,拱必须讲究方向和方式。

2020年,《深化新时代教育评价改革总体方案》指出:"坚决纠正片面追求升学率倾向……不得将升学率与学校工程项目、经费分配、评优评先等挂钩,不得通过任何形式以中高考成绩为标准奖励教师和学生,严禁公布、宣传、炒作中高考'状元'和升学率。"

励志(无论个人还是学校)必须确立正确的方向,土猪不能乱拱一气。比如,通过应试教育的特定教学手段和评价机制,迫使学生去拱那条"认分不认人"的死胡同。这一拱,性质就变了,活生生的人就变成了干巴巴的分!

知识分为两类:已知世界和未知世界。应试教育培养考生去重复地拱已知世界的东西,素质教育培养学生去不懈地拱未知世界的知识,包括诺贝尔科学奖等。

其实,没有方向和不讲方式的拱是有害的。

首先,"土猪拱白菜"会传染,让其他土猪什么的,通过拱把焦虑传播给另外的土猪或牛、羊,甚至四处流窜的野象。

其次,"土猪拱白菜"时,一心只想着拱,就会造成恶意竞争,进而伤害团队合作精神。土猪拱时不应把自己的成功建立在别人的失败之上。这种"土猪拱土猪"的画风,有白菜什么事儿呢?

另外,一旦拱白菜的土猪上了大学,就会有大量的课题研究要合作;走上社会,也有大量的合作机会。而扭曲的拱式竞争心态,很难培养关爱之心和合作精神。

再次，恶意拱白菜也会造成"躺平"（我认为应叫"平躺"，有机会再论）的后遗症。因为现阶段的高等教育尚未实行宽进严出的机制，于是乎，拱啊拱……过五关斩六将，好不容易冲过高考这道高等教育的起跑线，该一展身手时，许多人却将拱来的白菜拱手一让……因为我们已在这道起跑线上论了输赢。既然严进宽出，既然胜负已定，许多孩子就失去动力，甚至失去方向；还有人可能报复似地补偿高中时损失的风花雪月，心安理得地消费拱来的白菜——不用再拱来拱去，而是躺平地享受白菜。当起点就是躺平的终点时，谁还冲刺呢？

最后，"土猪拱白菜"会让人以为，拱高考的独木桥就是人生最高尚的励志，从而堵死"三百六十行，行行出状元"的"诗和远方"。

其实，天涯何处无白菜，只缺一只爱拱的土猪。

三、美版"土猪拱白菜"

说起来，我儿子也是拱美国阶层固化的土猪。

我和爱人还在迈阿密大学当学生时，生活很艰辛，买一磅虾，每次煮 12 只，儿子有滋有味地吃，我们津津有味地看……

大概是儿子上四年级时，学校开始教小提琴。学校教的都是些皮毛，要上档次，得靠私人教师。于是，很多父母为孩子请昂贵的私教。我们靠奖学金维持生计，无法请私教，儿子心知肚明，也从来不提别人请私教的事儿；每天放学后，很自觉、很投入地一边听录音，一边学拉琴……

我们学习太忙，也没空管他拉琴的事儿。

学期结束，学校通知我们去观摩汇报演出。我们想，不就是坐在大厅里默默地当听众吗？

孩子们的表演，有小组合奏，有二重奏。想不到儿子独奏了一小段《梁祝》。琴技很一般，音准和节奏还可以。

最后，有一个最激动人心的节目：所有小朋友跟着老师的钢琴节奏演奏《康康舞曲》。

老师逐渐加快节奏，跟不上的孩子就坐下来。演奏到第四遍以后，跟不上老师的节奏而坐下来的孩子越来越多，老师越弹越快……最后，到老师忘乎所以地疯狂弹奏时，只剩下三个孩子能跟着老师一块儿演奏，其中一个就是我儿子！

从拉琴的姿势就能看出来，儿子是三人中唯一没受过私教专门训练的孩子。

当人们发出狂风暴雨般的掌声时，我内疚极了，真想大哭一场。

现在，每每看到别人的孩子玩乐器，我就深深地内疚。儿子没能好好学琴，一样乐器都不会！唯一感到安慰的是，孩子学到了自强不息地拱，学会了明事理地拱。

儿子是一只会拱白菜的小土猪！

来自中西部（在纽约人眼里盛产"牛仔"）的乡下，一个不会英语、把鹿王儿子拱得大哭的孩子，成了曼哈顿顶级律所持股合伙人。他的同事们都觉得十分励志，因为他们中有许多人是来自法律世家的"法二代""法三代"……对儿子这只完全没有任何美国法律背景的土猪来说，白菜很不好拱。其间的艰辛，只有土猪自己知道。

根据 2021 年 6 月 3 日美国媒体报道，儿子帮助瑞士联合银行赢得赔偿金额超过 10 亿美元的官司，平息了长达十年之久的浩大而复杂的证券纠纷。这成为纽约法院有史以来最大的合同损害赔偿裁决之一，从而让他荣获 Law360 授予的年度"40 岁以下出庭律师新星"荣誉。

四、"土猪拱白菜"的陷阱

"土猪拱白菜"打破阶层固化时，必须跨越一个掉进去还给自己盖盖儿的陷阱。

在许多人眼里，"寒门出贵子""土猪拱白菜"就是上"985""211"、北大清华，甚至哈佛耶鲁。

这是家长和老师为孩子（甚至是孩子为自己）设计的陷阱——把读

书作为唯一的、最崇高的追求目标，以上名校为人生的成功标志，以致孩子忽视了人生最成功的"考卷"就在走上社会之后的实践中。

三百六十行已证明：不过独木桥也能成功拱白菜的土猪数不胜数，读了大学却平庸躺平的"寒门贵子"不胜枚举。可惜，焦虑的家长（甚至包括本身就很成功的土猪们）往往忽视：人生的实践才是一份最关键的考卷！

实际上，美国的华裔也跌进这个陷阱中。以大学录取率较低的2014年为例，亚裔只占美国人口的5.4%，但美国前20名大学录取的学生18.6%为亚裔生（假若哈佛等高校不对亚裔设置隐性录取上限，这个"土猪拱白菜"的比例还要大得多）。

我在英文拙著《混血虎》中，提出了一个十分扎心的问题：虽然在美国前20名大学里，约20%是亚裔生在拱白菜，但为什么走上社会后，无论是学术研究、科技创新还是企业变革，在最顶尖的20%中，少见亚裔（尤其是华裔）的土猪在拱呢？

其实，这个顶尖的20%阶层固化，更难拱破，更具有拱的挑战性。

要破除阶层固化，三百六十行都需要"土猪拱白菜"，莘莘学子不能更不该止步于高考（包括美国的"高考"），甚至不能满足于上名校。土猪必须一直拱到社会实践中——名校往往不过是一个加了盖儿的陷阱。例如，倘若法官以律师毕业的法学院的排名来判断官司输赢，那该多省事啊，挑一挑耶鲁哈佛的就完事！这样，瑞士联合银行的证券纠纷案还会大费周章地历时十年之久吗？实践才是人生最大的考场！

表面上看，我儿子很成功，但严格来说，他的"土猪拱白菜"都是在人家设计好的法律条文下玩游戏。他从来没想过"突破局限"——到局外，去拱那顶尖的20%白菜，去制定法律条文让别人去拱。

其实，还真有呱呱叫的拱白菜的华裔孩子。

我们来看三个华裔小伙子是怎样"破局"去拱最尖端的20%，再设一个局让别人去玩的。

这是一个搅动全球股市、轰动整个北美和华人圈的报道。

一家由三名华人小伙创立的公司，刚刚在美国纽交所上市，交易首日股价就暴涨了 92%……

这家神奇的公司就是人们熟悉的 DoorDash 外卖平台，即疫情期间造就的今日市值 713 亿美元的外卖帝国，更将三位名不见经传的华裔学生，推向人生的巅峰（作者注：跻身亿万富豪之列）。

DoorDash 总部位于美国加州旧金山，由斯坦福大学三名华裔学生 Tony Xu，Stanley Tang，Andy Fang 于 2013 年创立。

…………

以下这些素质凸显了华人先天的贫血症！因此必须由衷大赞。

第一，不止步于美国"高考"。

第二，不囿于斯坦福的陷阱。

第三，破局于最尖端的 20%。

第四，既描绘了"诗和远方"，又接地气地回到三百六十行（餐饮业）的实践。

"欲穷千里目，更上一层楼"，"土猪拱白菜"需要有"诗和远方"！

这是我儿子望尘莫及的，也是我的家庭教育给儿子带来的局限。现在，只能架一尊"马后炮"供读者反思。

（本文刊发于 2021 年 6 月 25 日搜狐教育，收入本书时有改动）

反思"教是为了不教"

　　某日，我在烟雨朦胧的江南某中学，看到叶圣陶先生的名言："教是为了不教。"

　　后来发现，许多人把它看成素质教育的至理名言。比如，我指出美国天赋教育的精髓是自我教育：家长和老师在培养孩子的批判性思维、发现问题和解决问题的能力、自我管理的能力时，往往没有过多的说教，而是让孩子自己去观察，去体会，去分析，整理出能说服自己的想法，然后确定目标，制订达到目标的计划和步骤，并在实施中实现自我管理。

　　这时，人们往往会说："这正是'教是为了不教'。"

　　其实，恰好相反：天赋教育的自我教育之真谛是"不教是为了教"。

　　"教是为了不教"可分解成："教"是手段，"不教"是目的。即经过"教"，待孩子"学会"后，就达到"不教"之目的。

　　"不教是为了教"也可分解成："不教"是手段，"教"是目的。即通过"不教"的手段，让孩子在自我教育的过程中，不断提高"会学"的能力，从而达到"教"的目的。

　　这里涉及"学会"和"会学"这两个不同的概念。

　　"学会"强调的是结果——学懂了已知世界的知识。

　　"会学"强调探索过程的能力（含探索精神、批判性思维、创新意识、学以致用的能力、发现问题和解决问题的能力等）——具备了这些能力，既会学已知世界的知识，又具备自立能力去探索未知世界的奥秘。

　　已知世界的知识是可以教的，是可以通过教的手段从 A 传给 B，又从 B 传给 C 的。

　　然而，人的能力，如发现问题和解决问题的能力、批判性思维能力、自我管理的能力、创造能力等，老师和家长是无法教给孩子的，人的这些会学的能力只能培养。

如果说"教是为了不教"强调的是自学，那么"不教是为了教"讲的则是"自教"（我根据英语自创的概念）。

刚来美国时，常思乡念亲。某日，我到一位教授家游泳，发现池边有一部手风琴，喜出望外，竟"赤膊上阵"，情不自禁地拉起"蓝蓝的天上白云飘⋯⋯"

美国教授注意到我的指法不规范。我惭愧地说，是野路子，是自学的："I learned it by myself."

他似乎听不太懂。因为美国人不说"自学"，而说"自教"。也就是说，"自学"的英文是"taught myself"。直译是"教自己"。

汉语讲自学，英文讲自教。

我思考过自学和自教的差异，一直不得要领。直到写《培养智慧的孩子：天赋教育在美国》一书时，反复思考自我教育，才有所感悟。

自学的虚拟主语是学生，谓语是学，显得较弱势，似乎总有一个比自己更高、更强的无形"师道"笼罩在自己头上，所以强调的是学。

自教的虚拟主语是"教师"，谓语是教，表现了一种强势，是以师的身份来教自己的，强调的是教。

如果说"教是为了不教"表现了自学的最高境界，那么"不教是为了教"就体现了自教的最高境界。

我们需要常常反思：我们到底是培养收集观点的人，还是培养创造观点的人？这里提出的就是自学还是自教的分野。把观点收集起来，是为了学，至少初衷是为了学，被动式的目的性较强。而创造观点是自教——强势地敦促自己去创造观点——是手段性的再出发，进取性、攻击性强。这也是我一直强调的"素质教育的核心是培养创造力"的观点。

我反复强调过另一个观点：创造性无法教，只能培养！如果一定要说"创造性可以教"，也只能是自教。

我们可以把"教是为了不教"和"不教是为了教"的一些差异列举如下。

"教是为了不教"和"不教是为了教"的差异

教是为了不教	不教是为了教
强调"学会"	强调"会学"
重视"自学"	重视"自教"
注重知识的传授	注重能力的培养
以解决问题为教学目的	以发现问题为教学手段
以教师为主导	以学生为主体

如果我们能正确理解"教是为了不教"——教的量要适当，方式要适中，以至可以达到不教，即自学的目的——那么，我们就可以在"教是为了不教"的基础上，达到"不教是为了教"的飞跃，达到从自学到自教的否定之否定的飞跃。

（本文刊发于 2017 年第 9 期《决策与信息》，收入本书时有改动）

泄露"天机"
——名校毕业也需要的 10 种核心素质

上名校不是目的，名校仅仅是人生的一个匆匆而过的加油站。比上名校更重要的是培养名校毕业后，进入社会实践，加入职场竞争所需的核心素质。

微软的比尔·盖茨从哈佛辍学，阿里的马云没考上什么名校，他们却在世界第一、第二大经济实体里获得了巨大的成功。

什么是引爆人生"核裂变"的 10 种核心素质？孩子怎样才能具备这些素质？这需要大人也参与书写"从娃娃抓起"的人生剧本。

一、研究能力

中国的学校教育、家庭教育以及社会教育是既不把研究当回事儿（从小不培养），又太把研究当回事儿（到研究生阶段才允许做研究）。

孩子的研究能力，是中国教育的一块待开垦的荒地。

中国特色的"研究生"，指的是大学本科毕业后，到高校或研究机构深造、做研究的学生。

把这个定义译成英文，美国人全蒙圈：为什么非得等大学毕业才能做研究？

我儿子 8 岁时，刚上小学二年级，就开始写"科研论文"！

其实，美国孩子早在学前（幼儿园、托儿所）就已经开始做研究——他们会产生好奇："蚯蚓没有脚，怎么行走？""太阳为啥不掉下来？"但这时孩子的"研究"往往是"始乱终弃"的，发端于一个问题，结束于另一个问题。

中国孩子也有这些"研究"和发问。只不过，老师和家长以为研究生才做研究，把这些看似随心所欲的发问扼杀在摇篮里了。

只要 KISS 一下，不管多么高不可攀的项目，都会土崩瓦解！KISS 在这里是"Keep it simple, stupid"这句话中 4 个单词首字母的缩写。意即"把高大上保持在简单、愚蠢的水平"，即"万丈高楼平地起"，甚至"大智若愚"的意思。

"科研"似乎深不可测，其实均发端于小小的好奇心。

好奇心从哪里来？与生俱来，与孩子一同呱呱落地。

月亮为什么老是跟着人走？昨天的云都跑到哪儿去啦？……

当某些事物超出我们的认知时，我们想知道"为什么"，这就是"好奇心"！

如果你让孩子不断追问，你一定会狼狈不堪！大人千万不要把孩子怼回去，而是每天至少回答孩子六个问题，用记事本记下三个答不上来的问题。这个既简单又艰难的事业，你知道有多伟大吗？你可能在培养大科学家、大教授、大律师、大企业家！至少，你为孩子"遥不可及""高大上"的科研，铺下了第一块基石——好奇心，这个探索的原动力。

第二块基石——想象力，很渺小，但很厚重！

孩子光有好奇心不够，还得把好奇心变成想象力。

想象力似乎被弄得云里雾里，很不好理解。我们来 KISS 一下："想"是幻想，"象"是图像，"想象力"就是把幻想变成图像的能力。

比如，孩子可能会非常好奇"大变活人"的魔术表演到底是怎么一回事儿。然后，他们就会去想象和假设各种各样"大变活人"的方式与方法。

想象力是好奇心的桥梁——让神秘的好奇过渡到自己的图像中……

想象力有多重要？

为保护孩子自由的想象力，据说，美国发生了一件不可思议的事情。尽管这个故事还有待证实，但故事本身，很发人深省。

1968 年的某一天，美国内华达州一个 3 岁小女孩告诉妈妈，她认识礼品盒上"OPEN"的第一个字母"O"。这位妈妈非常吃惊，问她是怎么认识的。女孩说："是薇拉小姐教的。"

这位母亲表扬女儿后，却把薇拉小姐工作的劳拉三世幼儿园告上法庭。因为她认为女儿在认识"O"之前，能把"O"说成苹果、太阳、足球、鸟蛋之类的圆形东西（open 是"打开""张开"的意思。我想告诉这位妈妈，字母"O"不更像孩子张开嘴，要吐露好奇心的嘴型吗），但是自从幼儿园教了 26 个字母后，孩子就失去了这种想象的能力。她要求幼儿园对这个后果负责，赔偿女儿精神伤残费 1000 万美元。

这个诉讼，在内华达州掀起轩然大波。劳拉三世幼儿园认为这位母亲疯了，一些家长也认为她小题大做，甚至她的律师也不赞同她的做法，认为这场官司是浪费精力和钱财。但这位母亲执着地要把这场官司打下去，哪怕倾家荡产。

三个月后，这个案子在内华达州法院开庭。最后的结果非常出人意料：劳拉三世幼儿园败诉，因为所有陪审团成员，都被这位母亲在辩护中讲的一个故事打动了。

她说：

"我曾经到东方某个国家旅行，在一个公园里见到两只天鹅：一只被剪去了左边的翅膀，一只完好无损。被剪去翅膀的被放养在一片比较大的水塘里；完好的那一只，被放养在一片比较小的水塘里。当时，我非常不理解，就请教那里的管理人员：'为什么要这样做？'

"他们说：'这样做能防止天鹅逃跑。'

"我又问：'为什么？'

"他们解释道：'被剪去一边翅膀的天鹅，无法保持身体平衡，一起飞就会掉下来。小水塘里的天鹅，虽然没有被剪去翅膀，但是因为水塘小，没有天鹅起飞必需的滑翔距离，只好老老实实地待在水塘里。'"

这位妈妈说："当时我非常震惊，震惊于他们的聪明。可是我也感到非常悲哀，为那两只天鹅感到悲哀。今天，我为我女儿的事儿来打官司，是因为我感到我的女儿，变成了劳拉三世幼儿园里的一只天鹅。他们剪掉了她的一只翅膀，一只想象的翅膀。孩子还很小，人们就早早地把她投进了那片小水塘，那片只有 ABC 的小水塘……"

勇于保护和善于引导孩子的好奇心与想象力何其重要！

我们一方面说世界的未来属于孩子，但另一方面，世界却不属于孩子。造成这种自相矛盾的原因很多，孩子没有好奇心，缺乏想象力，就是原因之一。那么，为什么孩子没有好奇心，缺乏想象力呢？因为它们被大人、被父母、被老师抑止了。也可以说，是我们剪断了孩子好奇和想象的翅膀。

其实，只要我们 KISS 一下，那个值 1000 万美元的想象力俯身可拾，近在咫尺。比如，推开窗户，跟孩子一起观察云彩：像奔马，似猛虎，若咆哮的大海，如重叠的山峦 …… 只要激发孩子的自由想象，只要 KISS 一下，而不是用大人的视角去限制孩子，自然界的万事万物，一片树叶、一朵鲜花、一棵大树、一座山峰 …… 都可激发孩子的想象力！

好奇心会驱使你去追究为什么，想象力能产生很多研究的假设。

研究的第三块基石 —— 发现问题的能力，很沉重，我们要搬它来填大人给孩子挖的大坑 —— 以为首先要培养的是"解决问题"或"研究问题"的能力，而不是"提出问题"的能力。

其实，"发现问题"和"提出问题"表现了两个层次的能力：一是善于发现问题，二是敢于提出问题。前者是有能力去发现问题，后者指在有能力的基础上有意愿提出问题。

以为首先要"解决问题"而不是"发现问题"，这个大坑严重反智，不讲逻辑，违背常识。

我到美国的第二年，有位教授请我去他儿子就读的私立小学介绍中国文化。我暗忖，对付十几个五年级的小学生，不是洒洒水吗？就答应了。

那天，我走进教室，没有起立，没有报告，也没有问好。十几个孩子坐没坐相，站没站相，有些孩子甚至都没注意到我 —— 做报告者已进教室。我心里有点儿不舒服，也有点儿看不起他们，随便讲了讲，在稀稀落落的掌声中，准备草草收场。

谁知，有孩子大声提醒："还有提问环节！"噢 …… 还好这口。问就问呗，几个毛孩子，能把我怎么地？

万万没料到，第一个孩子就给了我难堪，叫我评价当时闹得沸沸扬扬的某事件。我不想评论，但又不知该怎么回答，就东拉西扯，西扯东拉，讲啊，讲啊，自己都不知道自己在讲什么 ……

突然，那个孩子笑起来："黄教授啊，你讲来讲去讲了很多，其实你根本没有回答我的问题……"

大家哄堂大笑。

接下来的提问，让我应接不暇，狼狈不堪。

比如，有个孩子问："若你是美国总统，首先要改变什么？"

我说："我不是美国总统，无法回答你的问题！"

她说："我知道！正是这样，我才想知道，你是怎么用另外一只眼睛看美国的。"

我说："你的假设不成立，我不回答不成立的假设……"

她笑笑，仍紧咬不放："那好，我问你另一个问题：你最不喜欢美国文化中的什么东西？"

我犹豫半天，鼓起勇气："我最不喜欢的是，你们让一个客人当着你们的面，去评价你们不好的东西。或许这就是美国文化，但中国文化的礼节不允许我这样做……"

谁知，我这个回答，竟博得掌声和尖叫！

孩子们"提出问题"——简直是坑一个接一个地挖，让我跳进去不是，不跳进去也不是……因为要"解决问题"的是我，不是他们；他们只负责挖坑，不负责填。这就是孩子们的逻辑！

按照逻辑和常识，首先要发现问题，然后才能解决问题。如果孩子发现不了问题，问题从哪儿来？只能来自老师或家长。这样一来，"问题"就真出来了：老师或家长给出的问题，也并不是他们发现的，而是从这些大人的大人那里来的……如果再一路追上去，问题就太惊悚了，就像"从前有个老和尚给小和尚讲故事，说的是：从前有个老和尚……"这般没完没了的没有问题的问题。

这倒让我这个老和尚想起：30多年后，当年那些曾让我狼狈不堪的五年级的小和尚都在哪儿？若他们现在也有了五年级的孩子，这些孩子与父母同堂，会怎么聆听我这个老和尚讲《龟兔赛跑》？

"提出问题"有多恐怖，30余年了，我仍耿耿于怀，心有余悸……想想也是，那些五年级的孩子提出的连珠炮似的问题，哪一个不是耐人回味之研究？

若不能提出问题，所谓的研究不是研究伪问题，就是解决伪问题。

只要顺着第一、第二块基石走过来，您就在第三块基石这里等着"问题成堆"吧。

为什么要从小做研究？为什么不能等到研究生阶段才做研究？

道理很简单。首先，孩子的好奇心和想象力与年龄成反比。年龄越大，好奇心越弱。所以，必须在孩子的好奇心和想象力最活跃的阶段，鼓励孩子做研究，种下一颗良好的种子，就像在股票市场上买了潜力股，到时想不收获都难。

其次，若研究能力的种子在发育阶段，没有得到科学的护理，没有充足的阳光和水分，没有正常的生态环境，等到这颗发育不良的种子定型了，才移植到"研究生"的生长环境中，它怎么成为参天栋梁？

我们不能在孩子还小的时候，对种子说"种子啊种子，对不起哈，现在不能让你们生根，发芽，开花，结果……"，而到了研究生阶段才说："种子们哪，怎么长得那么慢？赶快开花、结果吧！"

若不能"春种秋收"，我们做老师和家长的，就像误了农时的农夫，不管怎么辛勤耕耘，最后还是歉收。

要获诺贝尔科学奖的丰收，这是需要深思的问题之一。

二、创造力

现在最流行的话题之一，就是机器人、人工智能将来可能代替人类，甚至淘汰人类。其实，无论世界怎么变化，人类的科技创新（作者注：包括创造新型的人工智能机器人，如 ChatGPT）永远是第一生产力，所以，孩子不能用智慧来山寨他人，要用智慧来创造自己。

根据教育进展国际评估组织的一次调查，中国孩子的创造性在样本里排在倒数第五。以为创造性是教出来的，是创造性跌落倒数第五的陷阱之一。

我曾有一个叫达琳的在职硕士生，她是小学美术教师。某年，达琳到昆明做短期学术交流。她回到美国，做了个学术汇报。最让其他研究生感兴趣的是她和中国教师的教学争论：中国教师认为，创造性是教出来的；而她认为，创造性是不可教的。

我认为，分歧的焦点是中国教师认为，创造性是一种技能，是一种可以教的技能。

达琳还讲了一个小故事。有一天，她让学生以"快乐的节日"为主题作画。结果，她发现，孩子们画的圣诞树都一模一样。转身一看，墙上挂着一幅圣诞树的画。

达琳把画覆盖起来，要求孩子们自己创作一幅画。结果，画技高超的孩子们竟然无从下笔。于是，她又揭开那幅画，同时，也解开了陷阱的秘密……

很多家长甩锅，认为老师没有教孩子创造性。

其实，家长也得背这口锅。因为创造性根本就教不出来。违背了教育规律，越教孩子越没创造性！

简单地说，创造性不是技能。绘画的技能可以教，但是绘画的创造性不能教！

创造性只能培养。怎么培养？这牵涉方方面面。比如，孩子从小和父母睡，会失掉创造性；惩罚孩子"撒谎"，可能会抑制他们的想象力……

再说说另一个大陷阱：孩子不做发明家，不当科学家，不做企业家，没必要创新。问题是，没有创新思维，孩子就是没有思想的复印机和廉价的传声筒。

我爱拿诺贝尔奖说事，因为诺贝尔奖鼓励探索和创新。我们可以不拿诺贝尔奖，但不能不创新。创新是个人的活力，更是民族崛起的脊梁。

那么，孩子要创造性来干什么？

孩子的智慧不是用来重复别人，而是用来创造自己的！

我来美国时，儿子刚3岁，听说他在国内上夜校学绘画。

一天，我接到家信。拆开，从里面掉下一张国画：疏疏落落的竹叶，斜斜弯弯的竹竿……挺有情趣！只可惜，画面洒落了几滴墨汁，纸张的裁切也不工整。

细读来信，才知此画竟出自 3 岁的儿子之手！我跟隔壁的教育系主任开了个小玩笑："这是著名教授画的！"我看他竟然没太怀疑，觉得玩笑开大了，连忙坦白是我儿子画的。这下他反而以为我在开玩笑。

这是一个荒唐但又发人深省的故事。

儿子确实拜在名师门下，艺术学院的教授一笔一画地教他。每次儿子画完画都问："像不像？"

畅销书罗宾逊、阿罗尼卡的《让天赋自由》开篇有个故事：一位小学老师在给 6 岁的孩子上绘画课。一个女生用手遮盖着画纸，画了 20 多分钟。

老师忍不住问："你在画什么呢？"

女孩头也不抬："我在画上帝。"

老师吃惊地说："但是没人知道上帝长什么样子啊！"

女孩说："过一会儿，你们就知道啦！"

噢，原来女孩心目中的上帝不在黑板上。

美国孩子画完画，只问"好不好"，不问"像不像"。

"像不像"，更多的是逻辑思维；"好不好"，可能是幻想世界里的形象思维。

我们的训练模式为：样板 → 学生的眼睛 → 再由学生的手，把样板"画"下来。

这个流程，用网络语来说是"不走心"。没有心的参与，就是一个由眼睛到手的过程，一个类似于复印的流程。

眼睛里的画是别人的画，只有心里的画才是自己的画。如果不能在心里创造出一幅自己的画，就只能重复他人。

我跟儿子说，假若我画你，可以临摹相片，但我心里有一幅画：在我离开中国那天，正要钻进车里，但觉得脑后有一股无形的引力，回头看，只见朦胧的晨曦中，你睁着两只大眼睛看着我，眉宇间的神情与 3 岁孩子的嘟嘟脸很不协调……

这是一幅我心中永难忘怀的画。

画心中的画才有动人心魄的震撼力！

用智慧来重复他人，还是用智慧来创造自己？它们中间隔着的不是几根竹竿、几片竹叶，而是女孩心中那个"上帝"……

老师们可以做一个有趣的测试：悄悄地在墙上挂一幅有关"六一"的图画（一定要简单），然后，让孩子们以"快乐的节日"为题，创作一幅画，看看孩子们是"拷贝"墙上的画还是自己创作一幅画，是问"像不像"，还是问"好不好"。

倘若孩子创作自己心里的画，不管多么一塌糊涂，大人都要赏识孩子难能可贵的创造性。

因为创造性只能培养，不能教！

创造性就像种子一样，需要土壤、气候、灌溉、施肥、培养，才能生根，发芽，开花，结果。

老师和家长就是那掬土壤、那滴雨水、那缕阳光……

三、"会学"的能力

中国的古谚"授人以鱼，不如授人以渔"，在美国教育界非常流行。在网上，这一古谚的后面，往往附有一个小故事：某日，一个小孩在河边看见一位老翁在垂钓，鱼已满篓。老翁将鱼送给小孩。小孩不要，说："把您的钓竿送给我吧！"

这个故事本想赞扬小孩聪明。但一个不小心，这个"给"字就泄露了思维的差异。

钓竿是器物，像鱼一样可以"给"他人。"以鱼"说的是"给"；"以渔"无法"给"，只能营造一个环境去培养。

所谓"渔"就是"会学"的能力，它涵盖范围极广，比如批判性思维、发散性思维、换位思考……

学会分辨事实和观点，应该成为孩子的重要童子功。

美国小学一年级用图画来培养孩子分辨事实和观点的能力。如下页这幅木头错觉图（由陈彤作图）。

左边的孩子说："在我眼里，清清楚楚就四根！"

右边的孩子说："你瞎数啥？分明是三根！"

对话非常有意思：角度不同，结果不同。

木头错觉图

下面是维基百科上的《鸭兔错觉图》（从右边看像兔子，从左边看似鸭子），德国哲学家维特根斯坦用此图来表示"看到"（事实）和"看作"（观点）的差别。也就是说，人们可以把"看到"的"鸭子"作为事实，也可能把看到的"兔子""看作"他们的观点。

鸭兔错觉图

培养批判性思维，首先要分辨"事实"和"观点"，否则，就会把"观点"当"事实"或把"事实"当"观点"胡乱批一通。

事实，是能证明是真还是假的陈述，比如："青岛是海滨城市。"

观点，是表达某种信念、感觉和看法的陈述，比如："青岛太美了！"

"很真实"和"感觉很真实"，很能迷惑人。

"青岛是现代化的城市"看似是"事实"陈述，但需要搜集证据去分析青岛是否"现代化"，这样才能证实这是否为"真实"的事实。

同时，"青岛是美丽的海滨城市"就是掺杂了事实和观点的陈述。

我曾在一次直播中，列出七则陈述，要求观众分辨哪些是事实、哪些是观点。当他们做完判断发弹幕上来时，真有"乱云飞渡"的感觉……

总之，事实有真实和虚假之分，观点也有正确和谬误之分。培养学生分辨事实和观点的能力任重道远。

再举一个"会学"的批判性阅读例子。

每个学生每天都在读书，但偏偏是孩子最熟悉的书本，盖着一个学生翻开第一页书就可能掉进去的大陷阱！

有一次，我在北方某知名小学听语文课《蟋蟀的住宅》。

老师问蟋蟀有什么特点。

一个孩子说："唱歌！"

另一个孩子说："做窝！"

我小时候喜欢抓蟋蟀、斗蟋蟀。所以，我还在等下一个答案……

突然，孩子们那片林立的小手不约而同地放下来。老师开始谈另一个问题……

课后评课，我说："蟋蟀好像不止这两个特点吧？"

校长望望老师，老师有点儿不好意思："书上就这两个。"

校长苦笑："黄教授，我们也难哪。蟋蟀的特点如果超出课本，考试标准化判分，孩子是要丢分的……"

读书有三部曲：一是读什么书，二是怎么读书，三是为什么要那样读书。

读书三部曲，谈的就是批判性阅读。

有很多人读了很多书，但充其量是复印机和扫描仪。

批判性阅读，英文叫 critical reading。

第一次看到美国某学区 K-12 语言艺术课的有关资料，细思极恐。开篇第一大目标，就是培养孩子批判性阅读的能力和习惯。

这里讲的"批判性"不是不问青红皂白地批判一切、否定一切，而是包含逻辑思考、信息分析、综合评判等高级思维的"质疑—分析—审辨"——在阅读中发现自己的答案的过程。

独立思考是批判性阅读的过滤网。只要经过独立思考，即使全盘接受阅读的内容，也是批判性阅读。

批判性阅读的最高境界是读出作品中的自己——读者，而不仅仅是读出作品中的作者。

我在哈佛大学看到一座两本书朝上打开，一本书朝下盖着的雕塑。

寓意何在？书本传播了知识，传播了真理，也传播了谬误。因此，要不唯书，只唯真！哈佛是在鼓励师生进行批判性阅读。

如何培养学生批判性阅读的能力和习惯，确实值得老师和家长思考。

批判性聆听和批判性阅读形式不同，但实质大同小异。

某天，夕阳晚照。我和美国友人在国内一家公园散步。忽然，人们哗啦啦拥进来开"传销飞行集会"。我好奇地顺耳一听，天哪，我这个美国教授都有点儿被"撩"到了！如果从小缺少批判性聆听的培养，就很容易被蛊惑！据说，不少大学生就是这样被骗到罪恶的传销狼窝里的。现在，许多人都不敢接陌生电话，就是怕被诈骗。

批判性聆听是对口语信息过脑、走心，再决定取舍。

在聆听的过程中，迅速对信息做出分析和判断，其实很不容易。而且对方的口语，可能是碎片化的，听者需要有高度的概括和综合能力。因此，培养批判性聆听的能力，也是一门大学问。

"会学"的能力，涵盖范围极广，不一而足。

四、玩的智慧

不贪玩比不好学更可怕，要玩转人生，就从游戏开始。

我发现了一个很有趣的现象：到各个平台做直播、去线下讲课、在电视台和电台做专访，对方很少愿意选关于"孩子玩耍和游戏"的主题。说是听众不感兴趣。

这就是一个非常大的问题！

在创新不被重视的学校和家庭，偏偏是玩引发了诸多矛盾。以为学习比玩耍重要，就是一个陷阱，掉进去还不知井盖在哪儿。

为什么玩的程序被天然地写进了孩子的发育基因？

心理学家研究玩对人的心理、个性、情感发育的影响；人类学家能从玩中发现人类社会的组织结构的密码；社会学家可从玩中看到社会的矛盾和冲突，及调和渠道；教育学家要从玩中寻找儿童教育的途径和规律；医学家可以研究玩对人的健康的影响。

美国心理学家哈洛（Harry Harlow）用猴子做了很多实验，有些实验是针对心理学家华生（John B. Watson）的"有奶便是娘"的理论的。他试图证明，母亲的爱抚比奶水更重要。他又发现，有一组不是由真正的猴子，而是由"绒布妈妈"养育的猴子，长大后出现了大问题：当这些猴子回到正常的猴群中时，都有抑郁症：孤僻、抑郁和自闭。它们不但不会玩，而且对什么都抱有敌意。所有公猴都不愿寻偶，而母猴呢？对不起，细节略去。总之，经过艰难的努力，20只母猴受孕产下了幼猴。但非常恐怖的是，其中4只直接残杀孩子，8只常常暴打孩子，7只剪断脐带后不再理睬孩子，只有1只迟钝地给孩子喂奶。

有吃有喝，有"母"爱，问题出在哪里？

哈洛觉得可能与运动有关。于是，他把原来不会摇摆的"绒布妈妈"改为可摇摆后，又用一批婴猴做实验，而且每天让婴猴和真猴子玩一定的时间。这样哺育，婴猴长大后基本正常。

结论是，除了母爱，运动和玩耍至关重要。孩子没有足够的运动和玩耍，大脑控制协调运动的系统及相关情感发育系统等都会受损，造成脑功能失常，于是出现精神分裂、暴力倾向等问题。

为什么婴儿喜欢轻轻摇晃？为什么孩子喜欢玩耍？因为运动和玩耍能够促进脑部发育，能使孩子获得嬉戏的欢愉。

可见，不贪玩比不好学更可怕。

喜欢玩、能玩出花样的孩子，可能比不爱玩的孩子更有智慧。这样的孩子往往创造力更强，大脑神经发育程度更高。看看周围，哪个成功人士小时候不是能玩出花样的主？

网上有张马云儿时和张瑛（马云妻子）及小伙伴张梦云的照片。贼兮兮坏笑的马云，是个能玩出花样的主。张梦云评价："他小时淘气，长大淘宝，还抢走了瑛子妹妹。我既没他淘气，又比他高比他帅，结果变成了在淘宝上卖土蜂蜜的。"

看看简单的过家家，为什么孩子爱玩成人眼里如此幼稚的"儿戏"？因为他们生活在幻想世界和现实世界中。游戏就是他们对未知的现实世界的探索。儿童从自己的视角，把现实世界跟他们的幻想世界结合起来，把小小的触角伸向周边……

玩——素质教育的摇篮！

孩子缺了玩这一课，因而不能全面发展，致使人格不健全、后劲不足。这是被很多老师和家长忽视的重要原因。

玩是孩子生长的维生素。孩子的好奇探索、想象思维、自我意识、自尊自信、道德习惯、个性特征和情商品质等，往往都是在与同龄人的玩耍中启蒙和完善的。

五、社会化的情商

孩子没有社会化的情商，就像巨婴一样长不大。以为社会化是等孩子进入社会后就能自然地"化"入社会，是掉进陷阱还给自己加盖儿！

我有个朋友叫戴比，是儿科医生。一次，我们几家人在野餐，孩子们在一边玩。戴比的女儿歇若来告状："安娜不让我玩跳绳。"

戴比说："亲爱的，去跟安娜协商一下。"

歇若一边跑一边叫："安娜，我妈妈说，让你给我玩一下。"

假传圣旨。安娜不买账。

歇若又红着眼睛来告状。

戴比还是那句话，但加了些鼓励："亲爱的，再去跟安娜协商一下，妈妈知道，你一定可以做到！"

歇若慢慢挪近安娜，默默看了一会儿，很平和地说："我能玩一下吗？"

安娜看了看她："好的，你可以玩一分钟。"

歇若高兴地接过跳绳："我先玩一分钟，然后轮到你。"

孩子用自己的智慧，用谈判、协商的手段获取自己的利益，多精彩的人际关系教育，多生动的生存教育，多深刻的社会化教育！

如果老师或父母能把孩子间的争端，看成孩子走进社会前的心理模拟训练，看作孩子社会化的必由之路，他们就应该远远地站在孩子背后，让孩子有机会面对争端，学会自己解决自己的问题。

我们先分析一下，孩子在这个小小的事件中，在这一社会化的心理经历中，都有什么收获。

第一个收获："当与朋友发生纠纷时，即使我是对的，妈妈也不会毫无保留地站出来参与争端，我应该也只能靠自己去解决问题。"这样，孩子内心的羞怯、害怕，就被自主性、独立性战胜了。

第二个收获："我明白靠父母来解决争端，大人一离开，争端就可能愈演愈烈，只能靠自己对争端的态度和智慧才能解决问题。"比如，歇若学到了理智解决争端的方法——先平复自己的情绪，再寻求和解的途径。

我们再来分析一下对孩子间的争端，一些家长的典型反应：一是径直跟对方交涉。二是漫不经心："算了，玩别的玩具吧！"三是不耐烦："去去，别来烦大人！"四是直接去把玩具拿过来给自己的孩子。

第一种，家长代替型。家长拉着孩子去与其他孩子交涉孩子间的矛盾和纠纷，无论家长偏向哪一边，这种包办代替，都会剥夺孩子锻炼协调能力、培养独立性的机会，从而使孩子产生依赖性，变得懦弱、胆小，躲到父母背后，让父母为自己出头。

第二种，注意力转移型。家长怕孩子受委屈，又不愿意去"招惹"其他孩子和家长，就用另一个玩具或其他玩法去转移孩子的注意力。

这种类型比家长代替型好些，因为它从另一个角度去启发孩子：矛盾可以避免。但避开矛盾，就错过了锻炼的机会，久而久之，孩子就不敢直面挑战。躲避矛盾，也不利于孩子的社会化。

第三种，忽略型。家长以为孩子间打打闹闹不过是"儿戏"，大人根本不必过问，任其自生自灭。

比起前两种类型，忽略型似乎更有利于培养孩子的社交能力。像戴比一样，给孩子适当的鼓励和引导值得效法。

第四种，拔刀相助型。把游乐场变成家长的角斗场，家长用武力去"干预""平息"孩子在游戏中产生的纠纷，后患无穷。

其一，用自己的暴力去代替孩子的思考，会让孩子滋长仗势欺人的心理，这样孩子就不会用自己的脑子判断是非，学不到解决争端的智慧和技巧。

其二，家长强势出头，会让孩子陷入对自己能力的迷惑，从而感到势弱、气短，没有自信，人为地妨碍了孩子正常的社会化。

其三，让孩子学到最坏、最蠢、成本最高的暴力处理争端的方式。长此以往，被损坏的不仅是孩子在社会化中必须磨炼的社交能力、生存能力、自立能力，最终还会损坏孩子的道德根基。

孩子的社会化，必须在与同龄人的游戏和玩耍中完成。孩子从中能学会协商、抗争、迂回、妥协等社会化技能。

某留学生，需要我帮助。

我发邮件给他："查了课表，你 9:30 下课，10 点到我的办公室来。"

他回邮件："不行，我 10 点要睡觉！"

嘿，你找我帮忙，又说要睡觉？上午 10 点，睡什么睡？

我回邮件："只有此时有空，爱来不来！"

结果他来了，温顺得像只猫。

显然，他的社会化有缺陷。在家待得太多，与社会接触得太少，没有在玩中被其他孩子拒绝过。要融入美国大学这个特殊社会，就必须学习社交技能，接受社会规范，否则就是与社会格格不入的书虫。

六、同情与关爱

应该培养孩子的同情心还是知恩图报意识？很多人会选知恩图报意识。

老师或家长可以做一个测试：给孩子讲《农夫与蛇》的故事，然后问孩子是农夫值得同情还是蛇值得同情。

若孩子说是农夫，请孩子思考：农夫应该具备蛇可能有剧毒的常识，那么，悲剧的发生是因为农夫的无知，还是同情心？这个故事嘲讽的是同情而不是无知。

其实，这是在拷问老师和家长自己：不少人只注重孩子的学习，对道德品质不屑一顾。他们认为，只要孩子爱老师、爱父母，就是最大的道德。

同情是对弱者（包括陌生人）的恻隐，是道德的第一块基石。用《农夫与蛇》的寓言教育孩子，很容易让孩子关闭同情的大门。

其实，培养孩子的同情心比培养知恩图报意识更高明。

因为虽然培养孩子的同情心不讲回报，但还是有回报的——孩子的知恩图报。

同情心是主动的，报恩是被动的。

如果吴谢宇有同情心，还会拿起砸向母亲的哑铃吗？

时代变迁为家庭教育提出了新课题。同情心是对弱者的关心。然而，父母体弱却很有钱，孩子生娃需要父母帮忙照看……谁强谁弱？谁需要谁？因为同情心有强弱关系，所以，除了同情心，我们还需要培养"关爱"这个更高尚的道德观念。

与其用孝道来教育孩子知恩图报，还不如从小培养孩子的关爱之心。因为有关爱之心的人会对所有人（包括父母）表现出感同身受的关心。

哈佛大学教育学院有一个项目，叫 MCC（Making Caring Common），可译为"使关爱成为常态"。

培养同情心，就会孕育知恩图报的结果。同情心很高大上，但只有出现强弱关系时，父母变成弱者，才能享受孩子的同情心。培养关爱之心，你就会有一个既有同情心又知恩图报的孩子。

七、人格品行

孩子是怎么长大的？

在与同龄人的玩耍和游戏中磨炼人格品行，培养是非判断、价值判断的能力，学会遵守游戏规则，培养道德观念和法治意识，这是自我教育的过程，也是能力内化、升华的过程。于是，孩子长大了。

社会教育，指的是规章制度、各个个体的道德观念与价值取向等形成的社会文化，以及这个社会的氛围反过来对个体的作用和影响。你既影响别人，也被别人影响；既作用于别人，也被别人反作用。人人（无论孩子还是成人）都是施教者，人人又都是受教者。

曾听到过这样一个故事。

有个华人跟德国朋友外出，路过郊区的小河，看到一个小孩在钓鱼，旁边却放着另外一根钓竿，而当地规定，一个钓鱼者只能用一根钓竿。德国朋友不高兴地走过去问："怎么有两根钓竿？"

小孩回答说："跟同学一起来的，他上洗手间了。"

德国朋友就在旁边等，直到上洗手间的孩子回来。

德国朋友又问："有执照吗？"

两个小孩赶紧掏出执照："有啊，您看。"

德国朋友再问："带尺子了吗？"

当地有规定：钓上来的鱼不到规定的尺寸要放回河里。

"带了，带了。"两个小孩又连忙掏出尺子。

于是，德国朋友点点头，走开了。

一旁的华人感觉很奇怪："那两个孩子是你家亲戚？"

德国朋友说："不是。我不认识他们。"

华人很吃惊："不认识？人家干吗要听你管教？"

德国人淡淡地说："教育是整个社会的责任，孩子的人格品行是我们的未来，我们都有责任……"

这两个孩子一起出去玩，本身就是同龄人之间的社会化比照过程。要融入社会，他们就必须打磨自己的人格品行，否则，就会被这个社会淘汰。

八、契约精神

契约不是一纸空文，而是一种有点儿傻的精神。

碰到需要家长点头的大事，不止一个留学生对我说："根本没必要问我妈，我说什么我妈就说什么，关键是我同不同意，不是我妈同不同意。"

我们往往有个通病：该把孩子当孩子时，不把孩子当孩子；不该把孩子当孩子时，又把孩子当孩子。

一些美国家长采用家庭教育管理模式——"家庭理事会"来培养孩子的契约精神及平等意识。父母和孩子都放弃自己的部分自由和权利，把这部分话语权，转换为家庭理事会的公约。然后，父母和孩子共同遵守这个公约。简单地说，将孩子的生养教育问题和家庭事务的话语权，交给家庭理事会。

用契约的方法来搞家庭教育，来培养契约精神，培养平等意识，非常好玩，非常有意思，也非常有意义！

比如，家庭理事会可以让孩子获得与家长平等的话语权，增强孩子的平等意识。孩子有发言权，有行使职权的机会时（特别是担任"主席"时），更需要独立思考和批判性思维。当然，作为具有独立人格的"人"，孩子也需要对自己的行为负责，从而消除"该是孩子时不像孩子，不该像孩子时又是孩子"的反常现象。

这是带有现代社会契约精神的家庭教育管理模式。这种管理模式，会使孩子的社会化程度更高，能让他们成为与明天的世界对话的公民。

九、强健的体魄

美国的文化和教育也崇尚我们老祖宗的"劳其筋骨"的信条，连女孩也不富养。

强健的体魄，除了体，还要有魄——依附形体而存在的不放弃、不服输的硬汉精神。换言之，硬汉有时更凸显的是强悍的魄。

父亲在西南联大读书时，曾亲眼见过一个四川小个子跟一个牛高马大的美国兵在街上打架，那个四川小个子一被打倒，就站起来；又被打倒，再站起来……直到那个美国兵心里发毛，不敢再打！

这就是强健体魄的魄——不认怂的硬汉精神。

借一段我儿子在《我在美国读初中》一书中对"不认怂"的描述，以飨读者。

八年级那年的夏天，我和麦德决定开始练网球。因为一开学我俩就要一起上默乐高中了，我们都非常想加入默乐高中的网球队。玩过网球的人都知道，网球同足球、篮球、橄榄球不一样，网球不要求你的体魄特强壮，但对心理素质、战术和注意力都要求很高。

一天，我们决定到附近的公园去练网球。父母都去上班了，没人能开车送我们。于是，我俩在电话里商量好跑步去公园。麦德的家离公园大约有一英里远，而我家估计有三英里。临出门时，听到电台的天气预报正在发出警告，说是当时的气温是98华氏度（相当于37摄氏度），今天最高温可能会超过100度，告诫大家防止中暑。

我跑到网球场，已是满头大汗。我们开始在被太阳晒得滚烫的网球场上练球。可能是被太阳烤的，两人脾气都很大，打着打着就开始为输赢争了起来。

一个小时后，我和麦德都沉默下来，剩下的只是狠狠地对打。每发一个球，双方都竭尽全力想去赢这一分。球越发越凶，回球也越来越狠。

一个小时，又一个小时，我们还是一言不发，拼命打球。正午的太阳像是停在了网球场的上空，看着我们在拼命打球。我和麦德都脱得只剩下一条短裤。我敢发誓，气温一定超过了100度。我俩都是又渴又累，但就是没人要求停下来休息一下，喝口水。这是一场"不说话"的比赛，一场硬汉的比赛（a tough man competition）。谁先说话，不管说什么，都意味着输了。怂蛋才会需要喝水、休息，怂蛋才首先提出回家。

这是一场安静的、你死我活的比赛。

快2点了，我感到我的手臂软得像根面条。从早上到现在，我们不停地打了四个多小时，没有停下来休息哪怕一秒钟，更别提喝水了。我看得出麦德也很累很累了，他回过来的球早就没有了威力。我浑身上下湿漉漉的，连鞋里都是汗，就像泡在游泳池里。那黄绿色的小球无精打采地在我俩之间跳来跳去。但就是没人开口叫停。他咬紧牙，我当然也要坚持，我不能显示半点儿软弱。

无声的搏斗持续到下午5点。

我想，到这时候可能连太阳都感到无聊了，太阳开始西斜。

我们已打了整整七个小时网球，不间断的七个小时，就像是在跑马拉松。大概是过了极限，我反而不感觉累了，只是眼皮有点儿发酸……

这关系到我的"自傲"，我当然不会首先放弃这个竞争。麦德呢？他也不会。

前前后后，一共来了又走了二十几拨打网球的人，就我俩还在那里打……

你一定会很关心：到底我们最后是怎么停下来的？

6点钟了，麦德的妈妈开车找到了网球场，看见我们光着膀子，精疲力竭，痛苦万状，但还在猛地抽球，她大叫起来："你们疯了吗？不怕太阳，不怕热，饭总要吃吧？"

这回，麦德没有选择了，他必须离开。若依了我们两人，我们一定会一直打到其中一个人倒下为止。

这就是我的故事。有时会面对挑战，有时会干点儿蠢事，有时也很平淡无奇。无论怎样，我想我都会是很快乐的。

我总是提醒自己：嗨，你是一个聪明、好胜、幽默，又有些自以为是的男孩。

十、思考能力

美国"神童"心目中理想的老师长啥样？

"神童"们答曰："一般的老师只教我们东西，天赋班的老师教我们去想东西。"——他们把孩子培养成会思考的思想者。

据说，麻省理工学院的新研究发现，决定孩子未来思维格局的是家长与孩子的对话，而不是阅读。

从对话去培养孩子的哲学思维，孩子会变得勤思好问、思维敏捷、思考通透。美国的实验发现，参加过这种思辨能力训练的孩子，其数学成绩、阅读和写作水平，都会大大提高。

美国近几十年来在教育理念上的一个重大创新突破，就是开设儿童哲学课程。

儿童哲学不是传授哲学知识，而是引导和启发儿童与生俱来的思考潜力，使孩子更具有推理、判断与创新的思维能力，更具有批判精神，更通情达理。

有本童书《喂，小蚂蚁》，说的是一个小男孩，想踩死一只小蚂蚁的故事。这本书引出了一个很严肃的哲学问题——尊重。在小男孩眼里，蚂蚁这么小，不值得尊重；而小蚂蚁坚信，蚂蚁虽小，但也应该得到尊重。

孩子可能没有这么深刻的思考，但美国的儿童哲学教育者，用这个故事设计了生动的讨论课。

讲完故事，第一步是提出一些简单而有趣的问题；第二步是把问题逐渐抽象化；第三步是走向抽象的哲学思考；第四步，问题又从哲学回到现实生活：在学校里，比你强壮的孩子应该欺负你吗？

老师可以借鉴这四个步骤进行课堂实操，用一个小故事、小新闻开展这种带有哲学意味的对话。

开设儿童哲学的重大价值，是提高孩子的思维能力和思维品质。

关于科学思辨，人们可能会面对一个陷阱：以为只有学理科的孩子，才需要科学思辨能力。殊不知，没有科学思辨能力的孩子，很容易被教傻。因此，无论孩子将来学什么专业，做什么工作，要想孩子有智慧，就要培养孩子的科学思辨能力。无论时代如何变化，科学思辨作为一种能力都会贯穿孩子的一生。

孩子的人生剧本中，有着大人的一言一语、一颦一笑、一问一答、一举一动……

比上名校更重要的是，用这 10 种素质，与孩子一道设计人生的剧本，去跟明天、跟世界对话。

（本文源自《比"18岁上名校"更重要的，是这些引爆人生核裂变的能力》和《一位美国华人教授的忠告：缺乏这些能力，孩子上了名校也还是"巨婴"！》，分别刊发于 2019 年 9 月 9 日、10 月 8 日微信公众号外滩教育，收入本书时有改动）

中篇

教育的起跑线

"双减"之下的基础教育该长啥样

他山之石，可以攻玉。介绍一些美国基础教育及通识教育的减负情况，供大家思考。

一、"双减"之下，有教无类与因材施教休戚与共吗

有教无类是指人不分高低贵贱，都能获得平等的教育。

公元前，孔子的"有教无类"有个小小的前提：交十条腊肉。也有人说，"束脩"不是腊肉，否则，孔子就像个开补习班的老师。其实，办学是需要资金的。不是贵族，也能上学，才是有教无类的重点。

易中天教授认为，"有教无类"的句式类似于"有备无患""有恃无恐"，省了"则"字。因此，"有教无类"即"有教则无类"："只要能够接受教育，人与人之间就没有类别。"（据搜狐教育报道）

我认为，此观点值得商榷。首先，通过教育，"人与人之间就没有类别"，这是不现实、不客观的。

相反，通过教育，"人与人之间"不是"没有类别"，而是"类别"可能更大。否则，教育还有"分门别类"的功效吗？

其次，"有教无类"是说，在入学的门槛前，在义务教育的起点上，必须"无类"。即入学前"无类"，入学后"有类"。君不见，孔子的三千弟子入学前"无类"；而入学后，七十二贤人不是"有类"吗？

再次，经过教育就"没有类别"的观点，正好否定了"因材施教"的教学原则。

多元智能理论指出，孩子有不同的个性和特征，只有因材施教，孩子的潜在素质才能充分发挥出来。猴子、老虎、骏马、蟒蛇、老鹰和

鱼儿，有不同特征：猴子要爬树，老虎要捕猎，骏马要奔跑，蟒蛇要爬行，老鹰要翱翔，鱼儿要漫游……否则，"有教无类"只能把它们变成四不像！

总之，在义务教育的门槛前，必须有教无类，否则不公平；入学后，必须面对因人而异的各种天赋和需求因材施教，否则也不公平。

这就是"无类"的公平和"有类"的公平之间休戚与共的关系。

然而，怎么因材施教，人尽其才？美国天赋教育引起我的思考。

二、"双减"能借鉴美国的天赋教育吗

我曾写文章向时任北京大学校长许智宏院士请教：办世界一流大学的最大难题是什么？我认为，钱能解决的问题（诸如师资、设备等）都不是问题，关键是一流学生（而不是"一流考生"）从哪里来。

我儿子申请大学时，走访过一些名校，碰到过许多小学、初中、高中，不同学区、不同天赋班的同学……

我猛然意识到，美国一流大学的学生基本来自各地的天赋班。那么，这种只面向2%到5%的高智商孩子的教学长啥样呢？

能不能借助"双减"，让基础教育换一个"活法"？

虽然我们无法为每个孩子选一颗"神童"的脑袋，但我们能不能让每一个孩子都享受天赋教育呢？

既要给孩子"减负"，又要让孩子"学足学好"，我不能不反复思考以下问题。

1. 为什么美国的天赋教育一般不鼓励跳级、早学、多学？

2. 天赋班的孩子都练什么基本功？

3. 为什么训练"考生"和培养"学生"是应试教育和素质教育的实质差异？

4. 怎么培养"智慧的学生"而不是"聪明的考生"？

5. 培养提出问题的能力，培养创造性思维、批判性思维，培养沟通的能力、学以致用的能力，有区分智商的必要吗？

是划出一片保留地，只让几个人纵情奔跑，还是打开广阔天地，让每一个人都放开来跑？这是只对"神童"实施"神童教育"和对所有人实施天赋教育的区别。

　　美国天赋教育培养的第一个目标是"基本的认知能力"，一共有五个方面。

　　1.批判性思维

　　2.创造性思维

　　3.解决问题的能力（作者注：对中国孩子来说，首先应该是"提出问题的能力"，而不是"解决问题的能力"）

　　4.研究的能力

　　5.决策的能力

　　试举写作课为例。

　　创作的天敌是"常规""常识""理智"等，所以，首先要鼓励孩子打破常规。怎么鼓励呢？

　　先列出五个栏目：人物、目标、障碍、努力、结果。然后，在这五个栏目中填上十个人的相关内容。例如：

	人物	目标	障碍	努力	结果
0	武磊	进入欧洲联赛	无人赏识	默默苦练	一举成名
1	李响	当著名足球记者	不懂足球	接近米卢	出版《零距离》
2	刘涛	成为跨界歌王	各类敌手	练绝活儿	得了牙髓炎、肠胃炎
3	陈光标	做世界首善	自我表现	高调行善	毁誉参半
4	班主任	带出优秀班级	学生不配合	家访	升为教导主任
5	爸爸	当公司经理	没有文凭	上夜校	下岗
6	妈妈	让孩子上名校	孩子厌学	逼孩子学习	被叫"母老虎"
7	黄全愈	推广素质教育	高考	写书、讲学	买账的不多
8	特朗普	当总统	民主党	四处出击	危机中下台
9	张艺谋	拿奥斯卡金像奖	洋人看不懂	拍土的题材	洋人不买账

然后，我们随机选电话号码中的五个数组成新的组合。再根据这个新的"牛头不对马嘴"的组合，进行创作。

例如，我一位朋友的电话号码后五位数是 75216，与其相应的人物、目标、障碍、努力、结果如下。

7 （人物）黄全愈
5 （目标）当公司经理
2 （障碍）各类敌手
1 （努力）接近米卢
6 （结果）被叫"母老虎"

在新的组合中，"人物"是黄全愈，"目标"是爸爸的，"障碍"是刘涛的，"努力"是李响的，"结果"是妈妈的。根据这个"乱点鸳鸯谱"的组合，我的大致思路如下。

"黄全愈"（人物）在教育界推广素质教育的理念屡屡碰壁，于是灰心丧气，决定去应聘一家足球俱乐部的"经理"（目标）。然而，从裁判到教练到球员接受的都是应试教育，他们有意无意地都成了他的"各类敌手"（障碍），因此他在足球领域推广素质教育的理念同样遇到重重障碍。于是，他想到了米卢这个神奇的足球魔术师，并千方百计去"接近米卢"（努力），去了解米卢关于足球的素质教育理论。米卢给了黄全愈一则锦囊妙计：这家足球俱乐部中应试教育的毒太深，积重难返，不如另辟蹊径——组建一支完全实施素质教育的女子足球队。终于，中国出现了一支战无不胜、让人闻风丧胆、"被叫'母老虎'"（结果）的女子足球队……

除了选择五个完全相同的数字，如 00000、33333 等，还是原来的故事外，其他几乎任何组合都能写出妙趣横生、你平时怎么发挥想象力也难以创作的作文。

其实，数学教学也非常有意思。"鸡兔同笼"往往被教成算术课（请参阅《STEM 是中国教育的希望吗》一文中类似"鸡兔同笼"的教学案例）。辨别老师功力的分野是给学生问号，还是句号。只讲已知的、正确的东西，忽略让学生去证实或证伪自己的假设，就是忽略对学生质疑精神的培养。鼓励学生去证实或证伪某个假设，就是培养数学思维，培养"智慧"的、"会学"的思维能力，培养动词的"渔"的探索能力！

这种天赋教育的教学方式与学生的智商高低无关，倒是与我们的教学智商有关。

三、"双减"应该减掉考试吗

1．"双减"与竞争有关系吗

美国幼儿园的孩子根本不懂 2+2=4，美国高中则流传着关于 4 的故事：每天只睡 4 小时，喝 4 大杯苦咖啡，为的是获得 4.0 的平均分。幼儿园的 4 与高中的 4 不是自相矛盾吗？

别说不屑于让孩子在学龄前学学科知识，即使是玩耍或运动，美国的"减负"文化也不提倡孩子过早进入竞争状态。

美国孩子四五岁就开始玩足球。所谓玩，不是在后院自个儿踢野球，而是由社区根据孩子的年龄，组织不同级别的比赛。教练大多由父母兼任，但没几个真会踢球。有时，球滚到脚边，我脚痒，顺便"高侉"一两下，也能技惊四座。于是，大家纷纷怂恿我当教练，但我总是推辞。美国人只让孩子在踢球中玩乐，根本不在乎输赢。当个"游手好闲、无所事事"的教练，有意思吗？

有一年，教练实在不够，我不得不当了一回助理教练。孩子们总是打打闹闹，不认真训练。某日，是可忍，孰不可忍，我就顺着来球，秀了一脚"倒挂金钩"。尽管不太舒展，但人人（包括主教练）目瞪口呆。我趁机来一通"要赢球"的演讲。主教练顺势"让贤"，去给孩子们送喝的、递吃的……

我"夺权"后，根据孩子的特点，因材施教，因人设事，以便各司其职；不然，他们只会一窝蜂瞎跑。两个最差的，只有在我们赢三个球以上时，才让他们上场踢前锋——远离自家球门，爱干啥干啥。

结果，我们所向披靡，直奔冠军而去。但后来，我到德国出差，家长倒戈：要求孩子们参赛的时间一致，教练不能冲场内大叫，人人轮流踢前锋……于是，主教练"复辟"……又于是，球队输得一塌糊涂！

这——就是快乐足球。①

10年后，儿子上高中，为参加学校足球队，顶着烈日，与200多人进行了一场残酷的"淘汰竞争"：每一轮都包括一圈环校跑（长跑），三组400米跑（中跑），四组100米折返跑（短跑）。

第二轮开始后，有孩子晕倒、抽筋、呕吐……

啥叫"惨不忍睹"？妻子和我都背过身，不敢看下去……

最后进行了多少轮，孩子们也是糊里糊涂！

儿子的好朋友麦德，一边跑，一边吐，还一边调侃自己的学校："这就是基督教的学校，这就是基督教的学校……"

后来，儿子参加了球队，成为当年进球第二多的队员。谁知，第二年想进球队，还得再过油锅——"淘汰竞争"。

儿子心想，去年进球8个，队里还能少了自己？"淘汰竞争"就是走过场吧！因而没认真准备。结果，这个进球明星，跑着跑着倒在地上，爬不起来，就被残酷地淘汰了。

去年8个进球，已成历史；今天倒在地上，就是既成事实。只有永远从零出发，才会不迷恋过去，不惧怕未来！

英国伊顿公学这样概括体育："学会赢，也学会输；学会去领导，也学会被领导；学会做极致的自己，也学会做团队的一员；学会抗争，也学会退让。这是人生的必修课。"

---

① 快乐足球与下面淘汰竞争的故事分别取自《素质教育是个伪命题吗》和《何为体育的"育"》两篇文章。这里对两个看似矛盾的故事进行对照和分析，不仅便于阅读，也可彰显"双减"的意义。读那两篇文章时，可从不同的角度解读这两个故事。为免突兀，前后都没删。请理解、见谅！

我想，现在儿子作为出庭律师在法庭上的自信、自控、自觉、自尊、自律，恐怕与许许多多既快乐又残酷的经历有关吧。

由于成长规律的缘故，孩子越是低幼，竞争压力和学习分量应该越小。甚至美国的天赋教育，也是小学四年级后才开始实施，并且一般不考虑跳级，目的是避免早学、多学给其他孩子带来无谓的负担，造成恶性竞争。随着年龄的增长和核心素质的不断增强，通过进取和奋斗去获取成功的快乐会越来越多。这是人的成长规律使然。因此，竞争需要恰当的时间点，太早，影响身心健康；太晚，造成躺平心态。其实，一些年轻人的躺平心态，就是应试教育过早造成的恶性竞争的结果。

2. 美国的减负与通识教育有啥关系

有学者认为，美国的小学一般实行不分科教学，由一位老师承担主课教学。老师有各自擅长的学科，由一人跨学科教学，势必影响教学质量。

然而，人们往往忽视了这种不分科教学潜在的、深远的意义——我称之为"通识教育"。

美国小学多为 6 年，初中 2 年（若小学为 5 年，初中则为 3 年），而高中均为 4 年，再加 1 年的学前学校或幼儿园，这就是美国的 12—13 年义务教育制度，即 K–12。

从一年级到三年级，每个班一般由一位 homeroom teacher（教多个科目的"班主任"）教英语、数学、科学等主课（音乐、美术、体育多为专职老师）。对这种万金油般的小学老师，我选了一个可帮助国内读者理解的教育概念——homeroom teacher。四年级后，有些学校才由不同的老师教不同的课程。

理由安在？

19 世纪，欧美学者觉得，大学把专业划分得太狭窄，以致知识被严重割裂开来。为了培养能将不同学科的知识融会贯通的人才，通识教育应运而生。现在，通识教育已成为欧美大学的教学机制：除了核心课程，还为已"自由恋爱"或仍"三心两意"者，提供大量的选修课。虽然学生们大二才选专业，但若"试婚"失败，仍可再选，目的是"通识"。

关于"通识"的穿透力，仅举一例：乔布斯当年辍学后，还在学校蹭课，其中一门是美术字。他说："如当年没蹭这一课，电脑会有这么漂亮的字体吗？""杂交出良种"即为通识教育的优势之一。

可惜，我概括的"小学版通识教育"，似为没引起太多人注意的"新概念"。

德国宪法第七条第六款规定禁止设立先修学校。不能教学龄前儿童任何学科知识，因为这违背教育规律，会伤害孩子。于是，孩子的"正经工作"就是快乐成长。即使小学生也不能学习"不正经"的额外课程，甚至孩子智商超常，也不能"超常"地学习。但就是这些故意"输在起跑线上"的德国人，却获得了 111 枚（截至 2021 年）诺贝尔奖，世界排名第三。

那么，获得 398 枚（截至 2021 年）诺贝尔奖的美国人，又是怎样通过减负让孩子"输在起跑线上"的呢？

美国幼儿园的孩子根本不担心 2+2 等于几，整天傻玩！

学龄前放羊；学龄后，又采取 homeroom teacher 包办主要课程的机制。

我们也可换个思路：把美国小学看作延长版的幼儿园，继续由万能的"阿姨"（homeroom teacher）在小学行使教育的职能。

目的是延续学前教育的减负战略。甚至为高智商的孩子开办的天赋教育（俗称"神童教育"），一般也到四年级才开始实施。皮亚杰认为，四年级才是孩子开始进行抽象推理的年龄。若小学为五年制，小学"生涯"已近尾声。"神童"尚且如此，基础教育的减负大思路，管中窥豹，可见一斑！

我的博导奎茨（Quantz）教授认为："在小学阶段，将世界划分为这些课程，是把成人的逻辑强加给生活在一个更加完整的世界中的儿童。"因此，"小学版通识教育"即由 homeroom teacher 父母般地深入了解、理解孩子的同时，"以渔"（非"以鱼"）地培养孩子"会学"（非被动"学会"）的能力去内化知识。因而，更需要一个"通识"的 homeroom teacher 去养育孩子。

3. "小学版通识教育"有后劲吗

"双减"可以减少考试，但不能减掉考试。因为素质教育不是不要考试，关键看为什么考、考什么、怎么考。

有一天，我在学区年度报告卡中发现了一串让我心灵颤动的数字！在此，常识和逻辑竟然不好使。

俄亥俄州（以下简称"俄州"）用 18 个标准衡量各个学区的教学质量。以下是我们所在的拉科达学区及州的平均成绩。

拉科达学区及俄州三年平均会考及格率

科目	年级	俄州标准	俄州实际	本学区	本学区是否达标
数学	四年级	75%	42.2%	62.0%	否
	六年级	—	47.1%	72.2%	—
	九年级	75%	63.6%	84.9%	是
	十年级	85%	77.5%	89.2%	是
	十二年级	60%	47.6%	65.0%	是
阅读	四年级	75%	48.6%	67.4%	否
	六年级	—	44.5%	69.7%	—
	九年级	75%	85.2%	95.1%	是
	十年级	85%	93.2%	97.5%	是
	十二年级	60%	68.1%	78.2%	是
写作	四年级	75%	61.3%	76.2%	是
	六年级	—	68.2%	85.7%	—
	九年级	75%	80.1%	92.1%	是
	十年级	85%	91.1%	95.2%	是
	十二年级	60%	67.0%	79.0%	是

科目	年级	俄州标准	俄州实际	本学区	本学区是否达标
公民教育	四年级	75%	61.3%	76.2%	是
	六年级	—	62.7%	85.9%	—
	九年级	75%	77.3%	94.1%	是
	十年级	85%	88.1%	96.2%	是
	十二年级	60%	58.1%	70.9%	是
科学	四年级	—	40.1%	61.2%	—
	六年级	—	41.6%	69.4%	—
	十二年级	—	54.1%	66.2%	—

三点说明：

第一，俄州对十年级要求会考及格率达到85%，标准很高，皆因十年级考九年级会考题。目的是用同样难度的试题，检验学生是否进步（学生不知情，也不在乎）。

第二，俄州对十二年级仅要求会考及格率达到60%，标准特低。有些像国内高三学生准备高考，美国十二年级（高四）学生为申请大学也忙得四脚朝天（谷爱凌已被斯坦福大学录取，就提前毕业，利用这一年备战冬奥会）。因此，教育厅对孩子们网开一面。

第三，拉科达属于水平中上的学区，代表典型的、城郊以中产阶级为主的学区。而大、中城市穷人居多的学区，成绩则惨不忍睹。某年，我们去调研，要过夜，教授半开玩笑地建议"穿上防弹衣"。偏远的农村学区，大人说话大舌头，孩子放学后就面对木然的奶牛和无边的庄稼，学风不盛，拉低了整个州的平均分。

排除十年级和十二年级的特殊情况，我们能看到一个奇特现象：依据常识和逻辑，年级越低，学习难度越小，成绩越高；年级越高，学习难度越大，成绩越低。但是，美国孩子的成绩与年级成正比——年级越低成绩越差，年级越高成绩越好。

这是不是俄州的偶然现象？我继续调研其他州的数据，乃至全美统考成绩，结果均为成绩与年级成正比！

其实，颤动的不是数字，而是心灵：

为什么通识教育的减负结果是成绩与年级成正比？

为什么通识教育在起跑线上减负，反而在终点领先？

4. 通识教育有什么课外作业

什么是人才的标准？这关系到"双减"的成败。

把刷题高手看成人才，倒逼出今天的"双减"！要扭转应试教育的误导，我们就必须宣传多元智能理论和通识教育的理念，必须确立"三百六十行，行行出状元"的人才观。

所谓"应教尽教"，就应思考这些课外作业。

第一，把每年的某一天定为"带孩子上班日"。不少美国公司有不成文的惯例：每年的某一天，孩子可随父母去上班。

一到这一天，孩子都高兴得不要不要的。一是图新鲜；二是可以"逃学"，透透气；三是总是顺便到饭馆打牙祭。

父母常常很难跟孩子解释为什么自己总是匆匆忙忙，早出晚归。每年的"带孩子上班日"，能让孩子更了解父母的生存之道及个中的喜怒哀乐。

第二，"职业影子日"。学校帮孩子们联系他们感兴趣的机构，比如医院、理发店等，让他们跟在他们的"理想职业模特"后面观察、体验生活一天。

第三，"职业兴趣分析"，或者叫"盘点职业兴趣"，帮孩子规划人生。

我儿子是八年级参加的，回答了上百个看上去毫无内在关系的问题，比如你爱吃什么、养不养宠物……至于这些问题如何与未来的职业连在一起，那是心理学家干的活儿。

"职业兴趣分析"把各行各业分成十五类：文秘、医疗、农业、服务、教育、法律、销售等。每一类又有详细的职业。

十几岁的孩子往往不清楚"想干什么"和"能干什么"之间的关系："想干的不一定能干""能干的不一定想干"。

我儿子曾经想当医生，上七年级后，又对当律师感兴趣。最后显示的结果是最高职业兴趣是法律，第二是医疗，第三是科学，第四是艺术……

儿子很好奇：只是问了"爱吃什么""养不养宠物"之类的问题，他们怎么知道我未来想干什么工作？

10年后，儿子上了哥伦比亚大学法学院（作者注：美国法学院是专业学校，硕士两年，博士三年），毕业后到世界著名的律所当出庭律师。他的同事，许多是子承父业。儿子是"小白"，跟美国法律八竿子也打不着。太不可思议了！正是这个不可思议，反衬了"职业兴趣分析"潜在的深远意义。当然，也有不准的，或职业兴趣发生变化的。

20年前，我就想把这个项目引入中国，但没成功。现在，是时候啦！

学生进入社会，往往要经历不知所措的社会文化休克阶段。通识教育能帮助孩子尽量缩短这个阶段。

以下是关于"什么是人才"的有趣对比。

许多学校请人做报告，都请名人、博士、教授、作家、院士、大款、大咖等。因为他们都是家长和老师心目中的龙。

美国大学每年毕业典礼，一定请大咖（越有名越好）演讲。而中小学请人做报告，三教九流都有，什么医生、护士、警察、消防员、拍卖师、汽车推销员、邮递员……难怪不少男孩从小就立志当消防员。其实，报告者都是抬头不见低头见的张三李四或王二麻子。

请社会名流做报告的重要目的，是树立"高大上"的样板，告诉学生什么才是人才，应该怎样成才。

而请三教九流做报告的重要目的，是让学生了解社会，了解社会百业，了解三教九流是怎样在自己的岗位上成功的。

我曾问美国学校，为什么请三教九流做报告，而不是只请社会名流。

他们说，学生每天面对的是由三教九流组成的社会。社会名流无疑是成功的，而支撑社会的三教九流也是成功的，这是社会的根基。

我们要推行素质教育，然而，到底什么是素质教育的宗旨？

我们应该大声、理直气壮地告诉孩子："当你的潜能、品行、才能和特质最大限度地发挥出来时，你就成功了！"

哈佛耶鲁、北大清华，99.99%的孩子甚至没机会从这些学校的门口路过；但这99.99%的孩子，都有机会在由他们支撑的百业大厦里，获得自己的成功！

三百六十行，行行出状元。普普通通的工作，快快乐乐的生活，也是成功！

成人堪比成才！植根于社会的通识教育，才有生命力！

（本文为在第三届"新教育·新管理"云论坛上的演讲稿，刊发于2022年1月10日搜狐教育、2022年1月11日微信公众号中国教育三十人论坛、2022年1月11日微信公众号镇西茶馆，收入本书时有改动）

国家强大的根源不在大学，而在基础教育

新加坡《联合早报》1998 年 10 月 4 日引用了时任斯坦福大学教育长（provost，大学二把手，在美国大学，是一言九鼎的最有实权的人）米凯莱·马林科维奇（Michele Marincovich）博士的话："亚洲一些国家至今仍缺乏自由与开放式的追问风气（free and open inquiry）。我们相信，必须等到亚洲地区普遍存在学术自由的风气，以及能够进行自由与开放式的追问后，才能有一流学府出现。"因此，她认为，亚洲大学需要 20 年才能赶上世界知名大学。

十多年后，在 2010 年南京举办的"中外大学校长论坛"上，时任斯坦福大学校长汉尼斯（John Hennessy）博士说："中国要建成世界一流大学最快需要 20 年。"

斯坦福大学的校领导们是否患有数字"失忆症"？ 1998 年就说需要 20 年，十多年过去了，还说再需要 20 年。更恐怖的是，汉尼斯博士还说："慢则 50 年……"

中美两国曾在 20 世纪 70 年代派教育考察团互访，双方都曾做出同样的预言："再过 20 年，中国的科技将远远把美国甩在后面！"预言的对错，暂且不论。十分有趣的是，这里说的也是 20 年！

历史再往前推到 1886 年，英国传教士李提摩太与李鸿章也有一个关于教育需要 20 年才见效的谈话。

一本本算了几个 20 年都算不清的糊涂账！

中国人说的"三岁看老""百年树人"，显然是夸张的文学描述。作为一种比较科学的论述，为什么斯坦福前后两位校领导都以 20 年说事？若不是信口开河，这 20 年的依据从何而来？

这里有两种算法。第一种：学前 3—4 年，再加上小学 6 年、初中 3

年、高中 3 年、大学 4 年，共约 20 年。

另一种：德国和美国这两个收获了大多数诺贝尔科学奖的国家，把义务教育定为 12—13 年。以美国为例，一般来说，学前 1 年、小学 6 年（或 5 年）、初中 2 年（或 3 年）、高中 4 年，加上大学 4 年，一共是 17 年，再加上研究生教育，大致 20 年。

我倾向于第一种算法，因为即使不教授任何学科知识的学前教育，也是一种孩子社会化的情商教育。

北大前校长许智宏院士曾表示："建成几所世界知名大学是建设创新型国家的重要保证。"为这个算不清的 20 年，我曾写过一篇文章《一流的学生从哪里来》。正所谓"百年树人"，不花 20 年甚至更长时间从根基上一捧土、一掬水、一把肥地精心培育，一流学生绝不会无缘无故地雨后春笋般冒出来。没有不断涌现的一流学生，无论是世界知名大学还是创新型国家，都是无源之水。

我们也可以换一个角度来剖析这个问题：既然要建设创新型国家，就必须建成几所世界知名大学。那么，要办世界一流大学，中国最大的困难是什么呢？许多学者和专家认为，世界一流大学至少必须具备四个一流：一流设施、一流管理、一流师资、一流学生。如果这"四个一流"的说法是成立的，那么，中国最大的困难不是前三个"一流"，而是最后一个"一流"，也是最难实现的"一流"——培养出"一流学生"。

我们可以像中超联赛一样建设一流设施，请来世界一流教练和世界一流外援。然而，由于我们的足球没有"从娃娃抓起"，没有世界一流的青训，尽管有了前三个"世界一流"，中国男足仍然举步维艰，别说"世界一流"，就连"亚洲二流"也有点儿勉为其难。

教育也一样，我们可以通过举国体制在财力上向北大清华倾斜，把"财大气粗"变成"才"大"器"粗——招揽天下英才（包括诺贝尔奖得主和世界顶尖大学的管理人才），建设顶级设施……完全可能在若干年内，实现前三个"一流"。至于"一流学生"，则必须另搭戏台！要徐徐拉开这个"一流"的幕布，我们就必须在全国范围内，从学前教育、基础教育就开始扎扎实实、精耕细作、矢志不移、精益求精地推行素质教育。否则，我们的基础教育就无法为北大清华提供一流生源。没有一流生源，即使北大清华有世界一流设施、一流管理人才和一流师资，也无异于无源之水、无本之木，因而不可能在四年内培养出一流大学生，进而培育出一流研究生。

高校的三大职能是教学、科研、服务（社会）。培养不出世界一流学生，是不可能成为世界一流大学的。没有至少20年时间去奠定基础——去培养具有"自由与开放式的追问风气"之学生，教授们就只能在高处不胜寒的空中楼阁坐而论道。试想，孩子们在K-12的嗷嗷待哺阶段，我们只授人以"鱼"地训练他们刷题的能力，没有授人以"渔"地培养他们的独立性、创造性、批判性思维、质疑精神、探索意识、实践能力……我们能奢望他们上大学后，以"自由与开放式的追问风气"去追得教授们"四处逃窜、狼狈不堪"吗？

基础教育是一个国家的基础，这个基础是搬不来的，必须自己经年累月、精卫填海地去夯实，去奠定。

我们可以花式描述应试教育与素质教育的千差万别，但它们最本质的区别，归根结底，就是两个词——"考生"与"学生"的差别。考生（exam-taker）是在重复证实已知世界中徘徊不前，学生（learning explorer，我杜撰的英语概念）是去不断地探索未知世界。有了风起云涌的探索未知世界的"学生"，才会有诺贝尔科学奖花落谁家的扼腕感叹……

钱学森之问：为什么我们的学校总是培养不出杰出人才？这就是回答！

有人可能会问：既然通过举国体制可以在短期内实现前三个"一流"，那么我们也用举国体制，在每个省、市、自治区精选三到四所高中——在100所高中里专门为北大清华精心培养生源，北大清华能否培养出世界一流的大学生？答案是否定的。因为这种"速成武功"有点儿像"邪派武功"——高中生的成长模式已基本定型，此时才开始实施素质教育，已鞭长莫及，难以大器晚成。那么，不选高中，而选100所小学和初中呢？我们可以用"三脚架理论"来分析这个可能性。首先，请看下图。

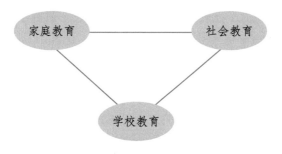

教育的三位一体

许多人认为，教育是三位一体的。所谓"三位"，是指家庭教育、学校教育、社会教育；而"一体"是指这"三位"因互相影响，互相渗透，相辅相成，而成为"一体"——教育。

而我认为，把教育看作"三位一体"是有严重缺陷的，因为这个结构排除了教育的目的，也就是教育的终极受体——人的自我教育。因此，教育是四位一体的，包括家庭教育、学校教育、社会教育、自我教育。请看下图。

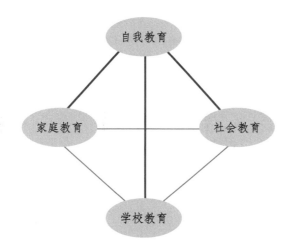

教育的四位一体

这个"四位一体"是个立体结构：首先是三点成一面，再在这个面上凸现一个点，类似于照相机的三脚架。因此，我把"四位一体"的结构叫作"三脚架理论"。我们常常可以看到，同一个家庭不同的孩子，接受的学校教育、家庭教育和社会教育基本一样，但他们的表现可能很不一样。原因何在？这就是自我教育使然。当然，兄弟姐妹差别不太大也是有的，同样是自我教育使然。

自我教育是素质教育的起点，也是素质教育的归宿。因此，素质教育的"四位一体"应该一体到自我教育上，即三个支撑点的教育应围绕自我教育来设计、开展。既然素质教育的起点是人，归宿也是人，这个人就是素质教育的终极受体。

既然是"四位一体"，许多时候"四位"难以截然分开，于是形成了你中有我，我中有你的关系。也可以说，支撑教育受体——人的自我教育的三个"点"是相互渗透、相互作用的。如果只在为北大清华提供生源的 100 所小学和初中实施素质教育，但学生们接受的家庭教育和社会教育是与素质教育完全背道而驰、尖锐对立、不可调和的应试教育，这种闭门造车的结果不言而喻。

前几年，迈阿密大学女足教练曾叫我在中国招收一两个女足运动员。他们以为，中国女足仍所向披靡。其实，美国女足的人口已达 500 万，而中国还不到 1000 人。中国女足实行举国体制，把少数人集中起来踢球；别人走的是"从娃娃抓起"的"群众路线"，到处都能看到女孩踢球。"脱离群众"的女足已陷危局。同理，若以素质教育为基础教育的基础，给北大清华输送一流生源，中国就必须从基础着手，花二三十年，彻底改变一代人以考为本的学习方式和思维模式，从小培养孩子的独立性、创造性、批判性思维、质疑精神、探索意识、实践能力……从根本上改变人才的素质。这就是所谓的"**最快需要 20 年**"。换句话说，真的动了基础教育，就是"20 年"，否则就是 50 年，甚至更长，更久……

素质教育是从根本上去发掘人的素质，育化人的素质，升华人的素质……当人口大国变成人才大国之时，就是中华民族腾飞之日！

因此，国家强大的根源不在几所大学，而在决定国家基础的基础教育！

归根结底，素质教育——基础教育的基础，才是撑起中华民族崛起的脊梁！

（本文刊发于 2018 年 1 月 31 日微信公众号中国教育三十人论坛，收入本书时有改动）

创新教育的陷阱和盲区

如果说创新是一个民族崛起的脊梁，那么，创新教育就是这根脊梁中的脊髓。

一、创新是中性的武器

许多人以为，创新永远是积极的、正能量的。其实，就像核裂变一样，创新是一种中性的武器，好人可以拥有它，坏人也可以利用它。可惜，在正面创新举步维艰之时，负面创新却花样翻新。

据人民网报道，某日，某人在马路上拾到一信封，里面有一张带密码的银行卡，将其插入 ATM 机，发现卡里竟然有 30 万余额。信封里还有一封某公司的"行贿信"。

某处长：

感谢您在招标过程中对本公司的大力帮助，因不方便登门致谢，特附上银行卡一张，里面是我司的一点儿心意。密码是工程开工日期（160423），如果在取款中遇到问题，请咨询开户银行（0516-8701×××）。

虽然银行卡显示有余额 30 万元，但当这人取款时，ATM 机显示"不予承兑"。拨打信中的"银行"电话，"工作人员"耐心解释：卡上有 5000 元滞纳金，只要往里面转 5000 元，即可自由存取。5000 vs 30 万，再说钱是打到这张卡里，能有啥问题？于是转了 5000 元。转账成功后再输密码，仍是"不予承兑"，再拨"银行"电话，已关机……

至于骗子是怎样创新的，在此不赘述。总之，既简单又新颖，以至于公安感叹：这个骗局从未见过，连银行都蒙圈了！

读了这个让人慨叹的负面创新故事，我们再看一看汤森路透评选的2015年全球创新企业百强各国或地区入围数量：日本40家，美国35家，法国10家，德国4家，瑞士3家，韩国3家，加拿大、瑞典、荷兰、比利时、中国台湾各1家（作者注：2018年汤森路透评选的全球创新企业百强：美国45家，日本12家，法国3家，瑞士3家，韩国3家，德国2家……最能引起读者关注的是中国台湾13家、印度5家、中国大陆3家）。

这不得不促使我们反思我们的教育，特别是创新教育。

二、我们是怎样把孩子教傻的

一次，我应邀到南方一所非常好的中学做报告。

谈到语文教学时，我说："请在前排就座的领导不要回头，我要问个敏感问题。"

校长大度地笑笑。

副校长说："不用回头我也知道是怎么回事儿。"

我说："不喜欢语文的同学，请举手！"

手臂林立，一片哄笑。

我又说："请不喜欢数、理、化的同学举手！"

这次没有嬉闹，大家互相看看，不时有人"检举"他人或被他人"检举"……

显然，不喜欢语文的同学，远比不喜欢数、理、化三科的总人数要多得多。

朱自清的《背影》、闻一多的《最后一次讲演》、鲁迅的《药》，还有唐诗宋词……让人即便走到天涯海角也无法忘怀！语文，实在是一门字里行间都情趣盎然的学科，本来应该最能吸引孩子，怎么反过来，倒成了一门最烦人的课？

《光明日报》曾刊文《这样的语文标准答案很荒谬》，披露了何为"荒谬"："朱自清先生的《匆匆》这篇文章，你最喜欢、印象最深刻的一句是什么？"标准答案竟然是："但是，聪明的，你告诉我，我们的日子为什么一去不复返呢？"

　　此标准真是"荒谬"得"叹为观止"！明明问的是"你"（学生）最喜欢、印象最深刻的一句是什么，而标准答案答的却是"我"（老师）最喜欢、印象最深刻的一句是什么，并且以此"荒谬"为唯一正确的"标准"。据说，有学生选择"我的日子滴在时间的流里，没有声音，也没有影子"，结果得了个巨大的红叉！这个大红叉迫使学生去寻找"标准"——去琢磨"老师在想什么"。说其荒谬，是因为我们以老师的标准为标准去绞杀学生的独立思考，扼杀学生的批判性思维。

　　语文教学把充满情感、洋溢想象、不应该有标准答案的内容硬生生地规定一个并不标准甚至极其荒谬的标准答案来桎梏学生的思维，能不让人反感吗？！

　　十多年前，一位家喻户晓、离经叛道的年轻作者曾跟我说，有一次，有老师在课堂上分析他的作品，先是划分段落，然后是概括段落大意、中心思想。他反感极了，那些什么中心思想、段落大意离他的本意十万八千里。他说："说实话，尽管我也搞不清什么是我要表达的中心思想、段落大意，但他们弄的那套绝对不是我的本意……"

　　连作者都反感，读者能不反感吗？

　　都说数、理、化枯燥，但毕竟可以让人有找到答案、发现"真理"的快感。而语文课上硬生生的"拉郎配"、活生生的"乱点鸳鸯谱"，实在倒人胃口。难怪报刊上曾有《误尽苍生是语文》的讨论。

　　其实，"误尽苍生"的不仅仅是语文，其他各门学科也可能是"帮闲"，语文不过显得更滑稽、可笑罢了。

　　我观摩过国内不少老师的公开课：老师"装"，学生"演"……尽管台词烂熟于心，彼此仍一来一往地"演"……不知老师是学生的"代言人"，还是学生是老师的"代言人"。

　　为了得高分去揣摩，进而以老师的"印象"为自己的"印象"，长此以往，漫说高分低能，我们甚至会培养出善于揣摩上意、趋炎附势的小人。其实，即便高分低能，亦很可怕，因为独立思考和批判性思维在他们身上几乎荡然无存。高分以低能为代价，以独立思考和批判性思维的萎缩、枯萎为代价。"分"和"能"呈反比例态势！因此，也可以说，高分是以"被误导"为前提的，即使是善于揣摩上意的"精致的利己主义者"，不也很"傻"吗？

Sage on the stage，可以意译为"至尊的讲台上站着圣人"。把教师神圣化不利于培养学生"吾爱吾师，吾更爱真理"的独立思考、批判性思维、创新意识。

人云亦云，亦步亦趋，让别人的脑袋为自己思考——没有独立思考、没有批判性思维、没有创新意识的孩子，就是被教傻了。

三、可怕的是被教傻而不自知

以那些误尽苍生的明显错误为标准答案，孩子不被教傻很难。

然而，危害更大的是，在正确答案下光明正大、堂而皇之地扼杀孩子的独立思考，绞杀孩子的批判性思维，虐杀孩子的创新意识。

这里有个美丽的陷阱。

要揭开这个陷阱的迷人面纱，得从我的"四区理论"说起。

我认为，人的行为有二元性（如下图所示）。

独立行为 ←——————→ 角色行为

人的行为的二元性

社会是个大舞台，每个人都在上面扮演着各种角色：和 A 碰面，你作为家长与 A 这个老师交谈；碰到 B，你又成了 B 的上司；与 C 在菜市场相遇，你们是邻居好友……

每一个社会、每一种文化，都为各种社会角色制定了一整套角色期待和行为准则。但人又有自己的思想，人与所扮演的角色既和谐，又有冲突。比如，作为教育者，你在公开地推行素质教育；而作为个人，你可能又悄悄地夹带些应试教育的私货。这就是人的行为的二元性。

语言是文化的载体，也是社会现象。

在汉语中，几乎所有人称都直接与人有关，唯独第一人称例外。"他"是"人也"，"你"是"人尔"，"她"是"女也"，都与人直接有关。而"我"的古文字，根据顾颉刚先生的考证，是一尊刑具，从"戈"，是惩罚人的工具。

中国文化把"我"看作"自私"（连日本也受影响，把"我"写成"私"），即万恶之源，得动用"刑具"。

然而，社会是由一个个的"我"组成的，如果把"我"赶尽杀绝，那么连对"我"施用刑具的社会都将不复存在。

对这个两难命题，我们的文化巧妙地把"我"分为"自我"和"角色"，然后鼓励"角色行为"，抑制"独立行为"。

人的行为同时又具有两重性（如下图所示）。

人的行为的两重性

有意识行为指主动的、有预谋的、经过深思熟虑的行为。

无意识行为指下意识的、没有预谋的本能动作。

当我们把人的行为的二元性和两重性作为横坐标和纵坐标交叉时，

就呈现出人的行为的二元性与两重性的交叉图解（如下图所示）。

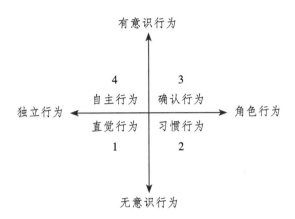

人的行为的二元性与两重性的交叉图解

第 1 区是"直觉行为"（即"独立无意识行为"），指那些正常的下意识行为。如学生在课堂上讲话，常常是无预谋、未经深思熟虑、未考虑到学生角色的行为。

第 2 区为"习惯行为"（即"角色无意识行为"），是一种无预谋、未经深思熟虑的角色行为。比如，许多学生在发现自己的想法与老师不一致时，连想都不想就放弃自己的看法去认同老师的想法，因为"至尊的讲台上站着圣人"。

第 3 区为"确认行为"（即"角色有意识行为"），是经过深思熟虑、有预谋、有目的、有计划的角色行为。例如，与上例相反，当学生发现自己的想法与老师不一致时，经过深思熟虑后，想做一个"好"学生而放弃自己的想法去"附和"老师。

第 4 区是"自主行为"（即"独立有意识行为"），是不被角色规范所约束的独立行为。例如，在易卜生的《玩偶之家》里，娜拉出走时说："我相信，在我是妻子和母亲之前，我首先是一个人！"然后，弃"妻子"和"母亲"的角色而去……

四区的划分仅揭示了人的不同行为及其特点，并不表示某一行为比另一行为好。例如，上述设计银行卡骗局的骗子就是在第4区设计的，课堂秩序是在第3区运转的。

人的成熟过程为：第1区 → 第2区 → 第3区 → 第4区。

第一阶段：婴儿出生后开始用直觉和本能感知世界。比如，热食烫人，婴儿就用哭叫引来安慰等。

第二阶段：孩子会叫"爸妈"后，就进入"角色无意识行为"。尽管还不完全理解"好孩子"的真实含义，但他们乐意在父母的指导下做"好孩子"。

第三阶段：小孩理解了"好孩子"的含义，愿遵循有关角色期待，即"确认行为"。

第四阶段：待孩子能反思某些角色期待时，已有"自主行为"。

当然，这个成熟过程是复杂的、因人而异的，甚至是反反复复的。然而，如果一个人不愿或不能进入第4区，因为没有独立人格、自由思想、质疑精神、创新意识，其人格必然是有缺陷的。

这四个区是互相区别，又互相联系的。以第2区和第3区为例。

《三种文化中的幼儿园》（*Preschool in Three Cultures: Japan, China, and the United States*，美国学者拿着录像机到日本、中国、美国幼儿园录下真实镜头，然后邀请有关人员观看，再把镜头和评论汇集成书，由耶鲁大学出版社出版）一书，里面有个在中国幼儿园拍下的镜头。

十分钟后，绝大部分孩子已经完成了他们的积木造型。老师们过来检查，若有一个造型完成得很好（也就是说，与图片一模一样），这个孩子就被告知去把造型一片一片地拆下来，然后又重新建构这个造型。

孩子按照图片去建构造型，这是"确认行为"；而当造型完成得与图片一模一样时，孩子又被要求拆掉造型，再重新构造它。老师这是在推动孩子从"确认行为"回到"习惯行为"。

我读小学时，一写作文就有人在马路边捡到一分钱交给警察叔叔，还老得老师表扬。我也想捡哪，可是总捡不到。现在，连老师都知道交一分钱给警察有点儿滑稽，老师套路变了，就得再揣摩着写。

如果老师不培养学生的独立思考和批判性思维作为第3区和第4区的桥梁，就是一种可怕的养成教育，是培养动力定型驱使的定向思维。

虽然从第2区到第3区是人的社会化的重要发展阶段，但是如果只有清晰的角色意识，没有对角色本身的批判性思维（比如，教育者一味推行应试教育），人就还只是社会的工具。这种"养成教育"使得孩子乃至成人仅仅在第2区和第3区徘徊。

以正确的标准答案为诱饵，使人囿于第3区的框框内——这就是陷阱。它美丽而迷人，许多人被教傻了都不自知。

四、离解答"钱学森之问"，只差这一步

要避免孩子被教傻，就要引导孩子跨越第3区，进入第4区。要进入第4区，我们就必须在第3区和第4区之间，搭建一座独立思考和批判性思维的桥梁。

我们以西安事变的教学为例。老师绘声绘色地讲述史实后，让学生记住时间、地点、人物、原因等知识点，何错之有？甚至，带领学生"注疏解"式地证实或证伪这些知识点，又何错之有？陷阱之所以美丽，是因为冠冕堂皇。撩开其迷人的面纱……哦！错就错在仅限于对权威的"注疏解"，错就错在仅囿于已有的现成答案去翻来覆去地"热冷饭""炒旧饭"，错就错在以正确的答案冠冕堂皇地把孩子限制在"确认行为"的第3区。

西安事变是有正面意义的历史事件，而对那些有负面意义的历史事件，诸如甲午战争等，我们总是消极地让学生去反复确认：战争哪年爆发？签了什么条约？割让了多少土地？赔偿了多少银两？……

然而，据说（葛小琴《谁在灌输这样的教育》，《杂文月刊》2014年第8期），日本有的教师却在引导学生思考：如中日之间一百年有一战（19世纪的我们称之为甲午战争、20世纪的我们称之为抗日战争），那么，21世纪呢？若战，远因和近因可能有哪些？或胜或负的原因可能有

哪些?

我不屑于煽动仇恨,也对横店拍的神剧把战争娱乐化不以为然。但在我们的孩子以老师的印象为自己的印象时,这道"中日之间一百年有一战"的题,不让你觉得有点儿瘆人吗?

应试教育和素质教育的本质区别,可以概括为两个词——"考生"与"学生"之差别。或者说,是第3区和第4区的一区之隔。两词之差,一区之隔,却是云泥之别啊!"考生"总是在第3区确认已知的现成答案(死记硬背《马关条约》的内容);"学生"则能跨进第4区去探索未知的答案("如果历史可以重演,你希望西安事变怎么发展"等)。

因此,在第4区,特别好的老师不像老师;同样,特别好的学生也不像学生。

还是以西安事变的教学为例,可以有很多种教学设计,其中之一如下。

老师什么都不教,只给出几个关于西安事变的辩论题目,每一个议题都有三组学生:正方、反方和评委。孩子们先进行研究,然后辩论,再对辩论进行评判……

要辩论,无论是正方、反方还是评委,都必须熟知西安事变的知识点。采取"不教是为了教"的辩论设计,就是要打破"至尊的讲台上站着圣人"的思维,就是为了让学生去主动认知,而不是被"被动灌输"。

在学生主动认知西安事变的知识点,并进行辩论、评判后(当然,许多知识点可能是在辩论和评判中,或辩论和评判后认知的),老师再启发学生的发散性思维和创新思维。

1. 如果没有西安事变,中国的历史会怎样发展?

2. 如果张学良不送蒋介石回南京……

3. 如果蒋介石不妥协……

4. 如果张学良与杨虎城没有和共产党合作……

5. 如果历史可以重演,你希望西安事变怎么发展?

6. 自己设想发散性思维的问题,请同学回答。

考生以"学会"为已知世界的问题寻找答案为目的：老师在想什么？标准答案是什么？

学生以"会学"为探索未知世界的手段：我思考什么？

上述教学设计，除了采取"不教是为了教"的方式去打破"至尊的讲台上站着圣人"的思维，更重要的是，用许多不存在的"如果"，把学生引入第 4 区去想象、探索、创造、批判、审视、受挫、反省、推理、归纳……

这样做的目的，是培养孩子的发散性思维、逆向思维、批判性思维、探索意识、独立思考等影响孩子终身发展的核心素质。

美国天赋教育的老师总是鼓励孩子去"破局"——破除现有格局去探索未知世界。

所谓破局，就是打破第 3 区，跨进第 4 区。"钱学森之问"并非不可解答，其实，我们离解答这个"世纪之问"，只差这一步！

我们不引导孩子去第 4 区探索"钱学森之问"，别人也会到第 4 区去捣鼓负面创新。

创新教育时不我待，刻不容缓！

（本文刊发于 2016 年第 11 期《新课程评论》，收入本书时有改动）

敢于让孩子输在起跑线上

2016年1月21日，我转了日本孩子在4摄氏度的严寒中，仅穿短裤在公路上"裸奔"的微博，立即引发许多人评论。这些赤裸上身的孩子，有的摔倒了，但立即爬起来继续跑；不少小朋友被冻得大哭，但在老师、家长的鼓励下流着泪跑向终点。人们关注的焦点在于是否人道，而我则陷于深深的"长考"：这些日本孩子不在乎起跑线上的输赢，哭着喊着、跌跌撞撞都跑到了终点……

如果叫孩子在严寒中"裸奔"向终点是不人道的，那么，让孩子苦不堪言地、"赢在起跑线上"地填鸭式早学，又是否人道呢？这样会输掉什么？又赢得什么？难道不值得国人玩味吗？

看着这些不在乎起跑线上的输赢，哭天喊地、歪歪倒倒地跑向终点的日本孩子，我想起了德川家康经73年煎熬于弥留之际总结的八条家训。正是这八条用生命浓缩的结晶，让其家族统治日本260多年，成为日本历史上统治时间最长的幕府。其中两条，真让人误以为是针对"别让孩子输在起跑线上"写的。第一条："人生如负重致远，不可急躁。"第六条："只知胜而不知败，必害其身。"

有人早就一箭穿心地把中国的问题归结为教育问题。

在中国蛊惑人心的"别让孩子输在起跑线上"，既无常识，又缺逻辑，但却搅得应试教育风生水起，喊了多少年，毒害了无数孩子。再喊下去，恐怕孙云晓先生又该写另一篇《夏令营中的较量》了。

虽然"别让孩子输在起跑线上"荒诞不经，但"敢于让孩子输在起跑线上"对许多家长来说又如惊雷般不敢听！正是因为"不敢听""不敢想"，才不明就里。只要"敢想"，其实，"敢于让孩子输在起跑线上"是非常在理的！随手可列出一大串必要性：既然是孩子，人生就是马拉松，傻子才在起跑线上自杀性地"玩命发力"，以致还远离终点已"拼命乏力"；舍得舍得，不舍就不得，输不起就长不大；家长的虚荣是孩子急功近利的起跑线，越跑离心理终点越远……

我们还可再俗一点儿，看看身边，环顾四周，有几个傲视群雄者不曾输在起跑线上？又有几个赢在起跑线上的不是销声匿迹，就是摔得鼻青脸肿？

一、起跑线上需要挫折教育

许多家长认为，吃苦是一笔财富，让孩子在起跑线上拼搏、吃苦，有什么不好？

我们不说在不当的时间进行不当的拼搏是不是不当，先说吃苦等不等于挫折。

显然，这是两个不同的概念。以吃苦换来成功，何谈挫折？因此，吃苦不是挫折，更不能代替挫折。孩子需要吃苦教育，更需要挫折教育。所谓更需要，是因为现在的家长忽略了孩子的挫折教育，甚至以为可以用吃苦教育来代替挫折教育。事实上，不但挫折教育不可替代，而且在起跑线上，我们就要不断地提升孩子的抗挫力。这可以从父母和孩子玩游戏开始。然而，要父母无情地击败孩子，哪怕是在关起门来的两人世界，也是残酷的。

小时候，父亲被划为"右派"，他感觉亏欠了我，下象棋时总是让着我，而且唉声叹气，输得很逼真。我自以为了不起。有一次，在外面挑战一个大孩子，连输三盘。

他说："省省吧，你这种棋力，再练几年也还是输……"

真想大哭！

我说："什么棋力不棋力！今天没吃饱（作者注：那会儿还真是缺吃的），没有力气，连我爸都输给了我，明天再来……"

豪言壮语不走心。回家见父亲心情不好，败军之将羞于言勇，想临时抱佛脚却欲言又止。明天怎么办？躺在床上睡不着，几近崩溃……

第二天一早，有人敲门。是那个大男孩，还带着一副象棋，指名要跟父亲过招："你仔昨天连输三盘，说是你教的。我们下一盘，怎么样？"

父亲看了我一眼，那个眼神啊，让我终生难忘……

那男孩的父亲是校领导。

父亲笑笑："你看，都快上班了……"

男孩不看我爸，却看着我说："我就知道，怕输给小孩。那我就再杀你仔三盘！"

真恨不得地上裂条缝！

后来，我没敢惹他。再后来，父亲要教我下棋，保证一周后让三个子也赢！

我不信，从此基本不再下象棋。

算来大概是三十年后，某天，儿子从学校回来，气急败坏地要我教他下国际象棋，说是班里比赛，他输惨了，还输给了成绩最差的美国孩子。

我想起了父亲那个眼神……

我说："要赢就得靠自己，输不起就不要赢。再说，一个人不可能样样都赢，输得起也是一种本事。再说，我也不会下国际象棋。"

儿子很吃惊地看了我一眼，那个眼神啊，也让我终生难忘……

后来，我没再问国际象棋的事儿。孩子太顺利了，只要认真做的，都能出人头地。输一输，挫挫锐气，也没啥不好（我不赞成美国孩子在踢球等活动中只讲玩乐，不讲输赢的做法。这是后话）。

要家长在玩游戏时无情地打败孩子，确实有点儿情何以堪。可是，道是无情却有情，孩子必须在同龄人中无情地完成社会化，因此，在起跑线上（一与同龄人开始接触）就不能让孩子太一帆风顺，而应该让孩子适当遭受挫折。而且，挫折教育要随着孩子身心的成熟逐渐加强，这样孩子才能知耻后勇，愈挫愈强，不至于突然面对失败时，山崩地裂，哭爹叫娘。与我们相比，今天的孩子并不缺乏聪明和智慧，他们缺的是尝试失败的权利，是我们那个年代赋予我们的一笔财富——在挫折中奋起的精神和勇气！

在应试教育的氛围中，敢于让孩子输在起跑线上，首先，要让孩子明白，人类的智能是多元的，三百六十行，行行出状元。一个人不可能时时赢，处处赢，事事赢。谁都会失败，但不是谁都会在失败中站起来。更何况，没有谁会永远失败，除非你根本就不想站起来。其次，要让孩子懂得，承认失败并不是一件丢人的事儿。输得起，才赢得起。勇于承认失败是人生中很重要的一课。不能正确对待失败，不能承受失败的压力，就无法分析失败的原因，也就不能找到成功的途径。更何况，在应试教育的起跑线上"落后"，就是在暗度陈仓，蓄势待发……

如果锤炼孩子的抗挫力宜早不宜迟，那么，输在起跑线上，又何妨？

二、"赢在起跑线上"的后坐杀伤力

根据牛顿第三定律，当两个物体相互作用时，彼此施加于对方的力量大小相等，方向相反。

如果我们把应试教育的"赢在起跑线上"和孩子的"想象力、好奇心、探索精神、创造性"看作两个相互作用的事物，虽然根据动量守恒的原理，其作用力和反作用力是相等的，但由于起跑线上孩子的想象力、好奇心、探索精神、创造性尚处于幼芽状态，一丝后坐力就可能使其荡然无存，更何况摧枯拉朽的反作用力！

为了不输在起跑线上，我们（学校教育、家庭教育、社会教育）已把能压弯一个民族脊梁的高考压力延伸到了小学，甚至为了赢在起跑线上，满脸童真童趣的幼儿园小朋友们已被推上高考的起跑线……

为了保护孩子的想象力、好奇心、探索精神、创造性、独立性、兴趣爱好等，德国不惜在宪法中明文规定：不允许对学龄前（一般指6岁前）儿童实施学科教育。美国虽然没有类似的法律规定，但美国文化也不接受对上小学前的孩子进行学科知识的早教。

美国4岁的孩子不懂也不学1+1等于几，他们根本不忧心学科早教的谁输谁赢，整天都在游戏中培养想象力、好奇心、探索精神、创造性、独立性、情绪控制能力、社交能力、团队精神，等等。

举一个不那么小儿科的美国幼儿园的教案为例。

（色彩实验室的）科学戏剧

物　品

不同尺寸和形状的透明容器、水、食用色素、碗、盆、漏勺、调羹、量杯、取色器、滴管、围裙等。

形　式

让孩子通过假设来开展简单而又有趣的科学研究：假设混合黄色和红色会产生橙色。

研　究

实验混合黄色和红色，在老师的帮助下，用笔记本记下或用相近的蜡笔颜色画下观察到的新调制和创造的颜色。在做完多次实验后，孩子们能证实或证伪他们的假设。然后，孩子们讨论他们的结论。

在实验室里，孩子们扮演科学家，认真思考如何创造新颜色和新想法。他们在科学领域里开发出来的批判性思维，将来可以进一步扩展到其他方面的学习上。

教学目标

理解色彩：如何调和颜色来创造新的色彩？色度如何因黄色和红色的使用而受影响？

了解简易的科学研究方法，以及用研究来开发和测试假设的步骤。

正确地测量。

理解如果某种颜色的量太多或太少，会产生什么结果，如何解决。

［作者注：这是一位幼儿园园长金·戴利（Kim Dailey）设计的教案，我们一起研究中美幼儿教育，她特授权用于学术研究］

看着那些4岁的美国孩子在一塌糊涂、不亦乐乎地调制、创造新的颜色，我的心里很感慨！国内4岁的孩子已忙于背唐诗、默生字、学英语、做数学（实为算术）了。最接近的活动，可能是绘画（美国4岁孩子一般不学绘画）。一节课八九十元，总不好美其名曰"培养创造性"就让孩子随心所欲地乱涂鸦吧，于是，许多老师还是搞立竿见影的临摹。又于是，仍然像之前我在《素质教育在美国》里指出的，还是追求"像不像"，而不是"好不好"。

假设需要证实或证伪，探索会面临失败，创造必须面对挫折……因此，保护孩子的想象力、好奇心、探索精神、创造性、兴趣爱好等，并不是不让孩子尝试失败，而是要避免成人社会过早地用学科知识、用应试教育去"侵略"孩子的世界。故此，父母需要"拿得起"，孩子才"放得下"。父母要扛得起责任，孩子才放得下胜负心。只有心安理得地让孩子输在知识填鸭的起跑线上，我们才能从容不迫地在起跑线上赢得孩子的想象力、好奇心、探索精神、创造性、独立性、社交能力、生存能力、团队精神等令他们终身受益的核心素质。

三、输在起跑线上，才能找到自己兴趣的起跑线

不输在起跑线上还会摧毁孩子的兴趣和爱好。

国内来访的朋友说，不输在起跑线上的攀比之风让家长很无奈。幼儿园就开始教小学的课程。不学吧，别人都懂你不懂，老师、同学看不起，伤自尊；学吧，孩子又苦不堪言。就像在球赛散场的人流中，你推我拥，身不由己地随大流……

儿子5岁来美国。上一年级时，我们嫌美国基础教育太小儿科，就买了一套数学教材测试他，发现六年级课本较适中，就让他每天自学四页。结果，用了一个学期，他自学完了六年级数学。于是，我们就向学校提出，让儿子每星期跳级到三年级上一节数学。我心里想，只提三年级数学，够谦虚了。

我们很快就收到儿子老师的来信。

亲爱的黄先生和黄太太：

关于你们关心的矿矿的数学学习问题，我已和我们的校长罗伯特博

士说过了。她也跟学区主管教学和课程的助理督导威廉斯博士谈了。在转告他们的意见之前，我很乐意跟你们介绍一下我们一年级的数学课程。

我给你们附上一份我们学区一年级的数学课程涵盖的 15 个单元的学习内容。我还给你们附上一份这 15 个单元的教学目标。这样你们就能对我们的数学课程了解得更详细一些。这 15 个单元的学习内容和教学目标是在全美数学教师理事会以及俄亥俄州现代数学课程推荐的基础上制定的。正像你们能看到的那样，我们更强调的是孩子对那些隐藏在数学后面的概念的理解，从而在口头上以及书写中能够使用他们所学的东西进行交流，而不是对算术的死记硬背。我们的目标是把孩子培养成为解决问题的能手，让孩子学会思考，把自信建立在他们自己的能力之上，从而去珍视数学。我们的课程是让孩子积极参与到学习中，通过循序渐进的、适当的教学活动去学习具体的操作计算。矿矿在中国学校（作者注：幼儿园）里学到的一些算术技巧，例如乘法和除法，对美国大多数一年级学生来说，不被看作是循序渐进的、适当的活动。我们运用的是绝对具有乘除法功能的组合法教学，从而希望孩子在记住如何计算数字之前已经能理解乘除法的实际意义。

矿矿当然是一个具有计算技巧的优秀学生。然而，算术仅仅是整个数学课程的一个部分。我们在数学课上，会运用许多教学活动来挑战矿矿的思维，从而对他本身也形成一种挑战。

威廉斯博士和罗伯特博士两人都觉得：派一个迈阿密大学数学专业的在校生作为私人教师，一对一地帮矿矿，将比让矿矿每星期到三年级去上一次数学更适当。如果你们想借一本三年级的数学教材在家里使用，我将乐意去做出安排。

如果读了附在后面的数学课程的材料和这封信后，你们仍有进一步的问题，请告知。

忠诚的

番·特米尔太太

1992 年 1 月 14 日

当时读这封信，我心里很不是滋味，更多的是不服气。儿子都自学了六年级数学，在起跑线上遥遥领先于班里的同学，现在放慢速度，只要求上三年级数学，还说三道四。我们决定不理睬她们，继续让孩子自学数学。结果，儿子在小学二年级时，就自学了八年级（相当于国内初中二年级）的数学……

24年过去了，今天重读此信，我仍有些许不是滋味，但多了一份理性思考。

如细读此信，你会发现这位老师——一位数学教授的太太非常注意遣词造句。比如，在讲到矿矿及中国学校时，她始终用"算术"这个概念；而在说美国学校时，她都说"数学"。

到底是美国小学的数学课磨洋工，还是中国幼教把数学当作计算之术，实在值得我们在不是滋味时，细细玩味。

最值得强调的是信里使用的"珍视数学"（value mathematics）的说法。矿矿在高中时学完了大学的微积分，美国"高考"SAT Ⅱ（作者注：藤校要求的额外的SAT单科考试）的数学几近满分。可以说，他在起跑线上遥遥领先；但上大学后，在可选修也可不选修数学时，却谈"数"色变，与数学绝缘。中国人说料事如神，是说"三年早知道"，这个老师似乎十几年前就料到：这种起跑线上的不正常领先，会摧毁孩子的兴趣和爱好，致使矿矿上大学后，将会远离那个曾经给他带来无数荣耀的数学……这个"珍视数学"的说法，让人几十年后还倒抽一口凉气！

美国人完全没有赢在起跑线上的概念。儿子小学二年级时就自学初中二年级的数学，从学区督导到校长再到老师，没人知道我们到底要干什么，当然就不同意跳级。其实，也不能说美国人没有赢在起跑线上的概念，关键是赢什么！赢算术还是赢数学？赢孩子的兴趣还是赢家长的虚名？

我们所谓的赢在起跑线上，说白了就是在人生的马拉松长跑中，让孩子无知无畏地偷跑、抢跑，并且在孩子需要发现并培育兴趣爱好时，过早、过度地开发、透支孩子的兴趣爱好，使得孩子在莫名的厌倦和恐惧中倒在自己潜在兴趣的起跑线上。

四、起跑领先的优势何时消失

若在起跑时输了，到终点就会落后，许多家长心有戚戚焉。

短距离比赛，此言不假。若是长距离，答案则相反：起跑领先的基本都会在终点落后。因此，有人认为，"领跑"就是风光地"自杀"。

赵瑜的《马家军调查》里有这样一段描写："在马家军中，刘丽是个特殊人物，她最重要的任务就是领跑，谁都明白，领跑是个吃力而不讨好的工作，因而虽然有夺冠的实力，但是刘丽后来没有拿过一次冠军，老实听话的刘丽为了马家军和中国田径的荣耀而做出了很多不必要的牺牲……"刘丽后来没有拿过冠军，就是因为她在马家军里总是干着领跑这个吃力不讨好的脏活、累活。

领跑是田径比赛的术语。领跑员并不是运动员，而是工作人员。长跑开始后，领跑员玩命地冲在头里，把所有运动员带动起来后，就悄悄地退出比赛。因此，领跑就是一种"自杀性"战术安排，是为他人出成绩做铺垫。领跑就是"义工"的代名词。

如果说领跑员是为那些跟在后面的人做出牺牲，那么，要赢在终点，就要敢于输在起点。

从某种意义上说，中国孩子在国际学生评估项目、国际奥赛中都干着看似风光无限的领跑工作，实则是为他人作嫁衣的"标杆"——为后面的跟跑者提供战略战术的参数。当别人呼啦啦地向终点冲刺时，风光不再的领跑者只有望"背"兴叹的份儿……

君不见，原来领跑的中国学生（包括我儿子），到美国大学后，普遍感觉因后继乏力而落后于原来跟跑的美国学生……

人生是马拉松，输在起跑线上并不可怕，可怕的反而是赢在起跑线上的傻跑。

中国孩子是年龄越小，领先美国孩子的距离越大；年龄越大，领先的距离越小，到了高中，与美国优秀的孩子已相差无几。

我们许多家长有意无意地把早学、多学当成了早慧。其实，起跑领先不过是叫孩子在裁判的枪声未响之前"偷跑"罢了，却让孩子被当作超常儿童日夜超负荷运转。

后来，在俄亥俄州的统考数据中，我发现了一个奇特现象：美国孩子的成绩与年级成正比——年级低成绩差，年级高成绩好。而在中国则是反比——年级低成绩高，年级高成绩低。

美国各类统考的数据也均证实了我的发现。以2015年新版艾奥瓦基本技能考试全美统考成绩为例。

2015 年新版艾奥瓦基本技能考试全美统考成绩

年级	阅读	数学
一年级	145	146
二年级	167	165
三年级	188	186
四年级	205	203
五年级	220	222
六年级	230	236
七年级	248	252
八年级	263	264
九年级	275	276
十年级	286	286
十一年级	293	295
十二年级	300	301

注：此表源自全美学生成绩报告单。

为什么美国孩子的成绩由低到高？又为什么中国孩子的成绩由高到低？

巨大的差距在这个正比和反比中逐渐消失，更发人深省的是，在原有差距消失后，这个正比和反比产生的新反差——领跑者和冲刺者换位后的距离却越来越大……

在影响孩子终身发展的核心素质尚处于幼芽状态，需要精心呵护、耐心培养时，如果过早、过度地"以鱼"式填鸭，这些核心素质不但得不到培育，反而会遭到"绑架"、扭曲、伤害，当这些核心素质在终身发展中需要"核裂变"时，孩子们已后继乏力……

我们一面嘲讽鸵鸟顾头（起跑）不顾尾（终点），一面又经不住赢在起跑线上的蛊惑；一面讥讽阿 Q 心态，一面又让孩子赢一天算一天；一面嘲笑皇帝的新衣，一面又不愿正视孩子越跑越慢的事实……

五、鹰架理论与"能够做"

提出"鹰架理论"（Scaffolding Theory）的心理学家维果茨基（Lev Vygotsky）指出，最近发展区是儿童能自己解决问题的实际发展水准，与在成人的引导或和有能力的同龄人的合作下解决问题的潜在发展水准，二者之间所呈现的差距（潜在发展水准 – 实际发展水准 = 最近发展区）。

孩子在刺激好奇心、释放想象力、激发探索精神、培育创造性、发现兴趣爱好时，往往在"喜爱做"和"能够做"之间挣扎……也可以说，就是在鹰架理论的最近发展区挣扎。孩子"能够做"自己"喜爱做"的事儿吗？天知道！只有在起跑线上跌几跤，败几次，在摸爬滚打中找到自己能爬起来的地方，才能在最近发展区找到自己"喜爱做"和"能够做"的最佳契合点。然而，恰恰是在这个起跑线上，孩子的好奇心、想象力、探索精神、创造性、独立性、兴趣爱好都在不能输在（应试教育的）起跑线上的驱使下，被禁锢，被扼杀，被绑架，被摧残了。

Scaffolding 是建高层建筑搭的架子，译作"鹰架"，国内也叫"脚手架"。然而，（应试教育）起跑线上的鹰架，已不是让雏鹰高高起飞的架子，而是被家长和老师做了"手脚"的束缚孩子的好奇心、想象力、探索精神、创造性、独立性、兴趣爱好的笼子。

只有敢于让孩子输在起跑线上，孩子才能在填鸭式的"以鱼"中韬光养晦，培养开发终身能力所需的核心素质，后劲十足地冲向马拉松的终点。至于输赢，寸有所长，尺有所短，尽在笑谈中。

六、把失败的权利还给孩子

虽然说傻子才不顾一切地冲在马拉松赛跑的前面，但一个运动员，可以试一试冲在前面和跟在后面的效果，这次不成还有下次。然而，人生仅一次，许多人没有胸怀和胆识去尝试输在起跑线上的好处，以致赢得一时算一时，因为跑在前面终归是眼前看得见的结果，哪怕是暂时的，也总好过最后不知终点的输赢。

美国莱特兄弟的故乡离我任教的大学不到一小时车程，那里的人们总是对他们兄弟俩当年的失败津津乐道：他们设计的人类第一架飞机到底是 1902 年那架，还是 1900 年 8 月那架，抑或是 1903 年那架……总之，失败，改进，再失败，再改进的过程即成功。失败和成功往往浑然一体。输在起跑线上也可以是成功的开始。

没有前面的失败，就没有后面的成功。这就是失败的价值和意义。失败不可怕，可怕的是不敢直面失败，老师和家长把孩子的失败看成耻辱。如果成功可以建立孩子的自信心，那么失败也可以锻炼孩子的心理承受能力，提高孩子的反省能力。从这个意义上说，孩子需要输在起跑线上。

不敢让孩子输在起跑线上，是从孩子手里夺走实践失败的机会，夺走尝试失败的权利。我们应该坦然地告诉孩子：在现实生活中，人人都会经历失败。失败是可以理解的，也是可以战胜的。把失败的权利还给孩子！更何况，输在起跑线上就是失败吗？正好相反，在我们的生活中，那些笑到最后的有几个是当年冲在最前面的，又有几个不是当年输在起跑线上的？

不能输在起跑线上之所以荒诞不经，是因为它蛊惑错误的对象在错误的时间、错误的地点做错误的事情。按照新闻的 5W1H 的原则，此口号有三大谬误：一是对象（who）、目标——学龄前或学龄儿童——的错误；二是时间（when）、地点（where）——起跑线——的错误；三是干什么（what）和怎么干（how）——为应试教育推波助澜——的行为错误。

至于最后一个 W——为什么（why）"不能输在起跑线上"，剪不断，理还乱。因此，鼓吹者或自相矛盾，或自编自导，或王顾左右，或生搬硬套，或故作神秘，或自言自语，或语焉不详……比如，能不能因为起跑领先而使得终点领先？鼓吹者没说。为什么没说？因为不能说，也说不清！这是个答也不是，不答也不是的两难问题。首先，赢在起跑线上就能赢在终点吗？在起跑线上，中国孩子年年横刀立马于国际奥数，但在终点线上呢？有"诺贝尔数学奖"之称的菲尔兹奖，中国高校至今无人问鼎。中美两国教育代表团的"20 年预言"已过去了 30 多年（作者注：请参阅本书《STEM 是中国教育的希望吗》一文），那些起跑领先的学生早已"不惑"了，但圆珠笔的笔芯球珠还没研发出来（作者注：据悉，2017 年，中国已研发出笔芯球珠）……再说，对个人而言，什么叫赢在终点？赢谁才算赢？上北大清华？离终点还太远。获诺贝尔奖？当院士？成马云 2.0 版？又有几人能企及此终点？所以，鼓吹者们干脆不给答案，只怂恿孩子们在起跑线上杀个人仰马翻。

其次，在起跑线上发力过早、过猛，因而后继乏力，输在终点线上，这也是不能言明的。因为既然可能输在终点，又何必赢在起点？早知如此，何必当初！

反过来说，输在起跑线上，就能赢在终点吗？这要看纵比还是横比。横比，不一定赢，也不科学！而若纵比，在起跑线上呵护好稚嫩的核心素质，打下身心健康的基础，就一定能在终点制胜！横比，可做参考；纵比，才是根本。如男子一万米长跑，世界纪录是 26 分多钟，张三同学是90 分钟。李四同学怎么比呢？关键是和自己纵比：一是起跑就不自量力地狂奔，以致伤了自己，3 小时才到达终点；二是起跑量力而行，然后不断调整自己，最后尽力冲刺，2 小时到达终点。是和张三横比明智，还是 3 小时和 2 小时的纵比更科学？不言而喻。

敢于让孩子输在起跑线上是要孩子顺其自然，不要太在意应试教育起跑线上的输赢；要孩子敢于、善于做"缩头乌龟"，淡泊一时虚名；要孩子勇于把起跑线移到培育核心素质、开发终身能力上面……

我跟许多美国家长聊过，他们根本就没有赢在起跑线上的概念，所以也不在乎起跑线上的输赢；若80%的中国家长敢于让孩子输在起跑线上，不出两年，应试教育就会分崩离析，减负的素质教育就会曙光初现。

尊敬的孩子们、老师和家长们，输在起跑线上又何妨？！

（本文刊发于2016年3月30日《中国青年报·冰点周刊》，收入本书时有改动）

是该拿体育说事了

现在，要说别人数学不灵光，常常拿体育老师开涮："你的数学是体育老师教的吧！"好像体育老师就是四肢发达，头脑简单，就该背锅。更要命的是，许多人直接把体育等于体育课！

今天，我们也拿体育说事。

体育，一是"体"，二是"育"。它包括生理卫生（甚至与之相关的心理卫生）、活动（含运动）、休闲等，其中的"育"还包括德育、美育……

一、名校的数据美

迈阿密大学的 EHS 学院（College of Education, Health and Society）的 E 代表"教育"（Education），H 是"健康"（Health），S 即"社会"（Society）。其中，与体育直接关联的健康，包括运动训练、人体机能学、营养学、公共健康、运动研究。2019 年，运动生理学、运动心理学、休闲学、运动管理、运动新闻等五个专业，为全校提供了 317 门课。据统计，共有 1683 名学生（含近 90 个研究生）选修了这些"背锅"专业。也就是说，在校园中每碰到 10 个学生，可能就有一个是"体育"专业的。体育成为这所建校于 1809 年、被维基百科列为"公立常春藤"的老牌名校最大的系部。

二、体育的"育"与美育

其实，在生活中，这个所谓的体育又与各门学科有着千丝万缕"剪不断，理还乱"的关系。

美育似乎看不见摸不着，但又无处不在，看看梅西在人丛中穿花蝴蝶般"凌波微步"，跳水运动员在蔚蓝的天空中舒展、优雅地转体，滑冰运动员脚下的冰刀唰的一声在冰面上划出优美的弧线……

美不是无缘无故的。认识美、爱好美、创造美的能力，从小就应该在运动中培养。

不少中国留学生都曾惊叹：在美国长大的华裔孩子多是一身肌肉、健硕强壮，体格美往往不输美国孩子。

许多网友问我：如果学业过重，需要减负，那些大咖，比如诺贝尔奖得主、大企业家等，希望学龄前、学龄后的孩子课后学些什么呢？

许多人以为体育只与学校有关。其实不然，在美国学龄孩子，特别是中小学生（包括那些曾经"少不更事"的大教授、大学者、大企业家）中，"男探索者"（Boy Scout）和"女探索者"（Girl Scout）是很受青睐的民间公益组织。组织者多为当地的老师、工人、白领或家庭妇女，他们的工作跟学校毫无瓜葛，孩子参加与否也与学校的课程和考试毫不沾边。

我儿子7岁时，参加了最初级的"狼"探索者的活动。从狼这一级向高一级发展，每个孩子必须完成49门课程。听起来挺恐怖，实际都是些三脚猫功夫。

第一部分为"身体发育和健康"，也就是运动技巧和技能的必修课。具体要求为：跟另一个距离十步远的孩子玩抛球和接球，直到你可以顺利完成抛球和接球的动作；成功地在平衡木上向前和向后各走六步；会前滚翻、后滚翻；会手不着地、背着地的倒地前滚翻；先下蹲，双手抱膝，然后双手伸展，向上跳跃十次；会模仿大象走路、青蛙跳、螃蟹爬；能在水里游十五步远的距离；会篮球的传球——弹地传球、单手传球、胸前传球；会做"青蛙站立"；能跑步十分钟……

许多读者可能不理解为什么把孩子能学会这几样三脚猫的基本动作看得那么重，甚至还排在第一部分。

其实，这些小儿科的动作很有深意——与一个人在今后一生中的运动协调能力直接相关。像心理学家用智商来测量人的心智发展一样，运动生理学家也根据年龄，对人的运动能力和发育水平做了划分。一般来说，孩子到 6 岁时，这几种基本运动能力，比如跳、跑、踢、抛、接、滑动、转动就应该发育成熟了。如果孩子到了七八岁，这些运动能力没有发育好，长大以后再做相关动作，就会很笨拙、别扭，有的人甚至可能会永远丧失这方面的能力。要保证身体健康地发育，就要懂得什么是健康的行为，怎么保持充满活力的生活方式。我们不难发现：许多女明星脸蛋美，身材酷，但是最简单的跑步却丑得惨不忍睹。这就是忽略小儿科运动的后果。

运动与美无处不在。

三、体育的"育"与德育

许多老师感叹：德育难教！

实际上，德育也同样无处不在。

我儿子上小学六年级时参加秋季社区足球队，可能是历年来最不舒心的。

社区足球队按年龄划分，从 6 岁开始，每两年为一个年龄段。于是，在同一个队里，大家最多相差一岁。在这个年龄段，相差一岁产生的生理和心理差别往往很大。

儿子年底出生，到了秋季的球队，他就是"带头大哥"。

儿子从小就不喜欢跟比自己小的孩子玩。在他眼里，凡是年龄比他小的，都是智力不足的小屁孩儿。

在春季，跟年龄大的孩子一个队，打得不好，有借口；打得好，可以臭美。而在秋季，跟年龄小的一个队，打得好，是应该的；打得不好，则很丢脸。

儿子球技不错，体力一般，心理素质不太高。

在这支球队里，他排老三，上面有两个比他还老几个月的孩子。教练常常把儿子放在中场，而不是他最喜欢的中锋。于是，儿子开始软抵抗：比赛不投入，输赢无所谓。批评他吧，他又振振有词：什么球赛的目的不是输赢啦，什么"快乐足球"啦，什么尽力了就达到目的啦……

某星期五，同学过生日，请儿子参加聚会，还留宿。

我提醒他："明早 10 点有球赛，不能睡得太晚！"

第二天，怕耽误球赛，我起了个大早。可是 7 点、8 点、9 点……没见儿子有动静。

赶紧查电话，打电话。这才知道，几个男孩玩了一整夜，天亮才睡觉。

大约 10 点钟，同学的爸爸把睡眼惺忪的儿子送了回来。

看见无精打采的儿子，我就来火了！

儿子赶紧穿行头，要去比赛。

我说："既然你对这场球赛这么不在乎，这么不负责任，今天的球赛你就不用参加了。"

儿子眼泪汪汪的，还想解释什么。

我严厉地说："你现在跑步去球场，亲口向教练道歉！"

从我们家到球场，开车不过五六分钟，但走路恐怕得半小时。儿子红着眼睛，低着头走出家门。

路上车流不断，根本没行人。十分钟后，妻子不放心，开车接上儿子去了球场……

赛后，教练专门来家里安慰儿子。

儿子究竟从此事中学到了什么，记取了什么，他从来没提过。

有趣的是，几年后又发生了几乎同样的事儿。

当时，儿子上高一。这所高中的体育很有名气，光网球队就有三支。儿子是新生，参加了网球三队。

网球队根据队员的球技排名次。比赛时往往是各队的第一名对第一名，第二名对第二名……而且，通常是名次靠前的打单打，靠后的打双打。

按常理，儿子应该排在第三单打，但教练似乎熟知"田忌赛马"之术，安排儿子当双打中的"良马"，去斗别的队的"劣马"。尽管儿子的双打多是高奏凯歌，但他总觉得伤自尊，满腹牢骚。

儿子抱怨多了，我建议他去跟教练谈一谈。

儿子说："没用的，我一说，教练就说，双打也要赢啊！"

每次看着赢球后仍无精打采的儿子，我也爱莫能助。

那个赛季十几场球，儿子除了安慰性地"被安排"打了三两次单打，其余都是双打。最后一场比赛，期末考试已结束，被安排在暑假的第一个星期六早上。星期五晚上，雨时断时续……

天亮时，天气预报也不明朗。

"到底今天还有没有球赛？"我走进儿子的房间，发现他还躺在床上。

他说，感到很不舒服，头疼得厉害。

我一摸，发现儿子额头滚烫。昨晚孩子就病了。

妻子让他安心睡觉，反正不会有球赛了。

儿子很着急："可是，教练没通知取消比赛呀！我不想因为我不去，影响了比赛。"

儿子起床，洗澡，坚持要我送他去赛场。

孩子有这种责任心，我当然没二话可说。

在似有似无的风雨中，我们赶到球场，这才知道球赛在几分钟前取消了，教练还没来得及通知所有队员。

两支球队有二十几个孩子，只有三个准时赶到，儿子是其中一个。

一路开车回来，我默默地想：尽管孩子不高兴打双打，但在关键的时候，还是明事理的，知道什么是自己的责任……

车外，雨又下了起来。我们父子俩谁都没说话，各想各的。我突然觉得孩子长大了。

体育，就是没有大道理说教的教育！

四、是该拿体育说事了

有一年春节，我请美国朋友来家里吃饭，其中有个中学体育老师。人们大赞我的厨艺。我抄起一口锅做甩锅状，说："如果大家觉得饭菜不可口，我就会说：'这厨艺是体育老师教的！'"

体育老师大喊冤枉："体育老师怎么啦？体育老师得罪谁啦？"

人们哄堂大笑……

体育老师一本正经地说："我们学校现在要求：每一门课都必须结合

另一门课的内容进行教学。我把舞蹈与社会学结合起来，教学生怎么在舞蹈中进行社会交往……"

我挑衅地问："有体育老师教数学吗？"

他认真地说："您还别说，我校四位体育老师中，就有一位把体育和数学结合起来教的……"

我目瞪口呆！随即释然，美国孩子的数学就那么回事儿。

朋友们波澜不惊——虽然国际最高数学奖菲尔兹奖获得者不是体育老师教的，但毕竟"杂交"会出"良种"……

美国小学的 homeroom teacher，相当于国内的班主任，啥课都教，有的还教体育课。

体育老师当班主任怎么啦？

我读小学时，市体委派一名潜水队员来代体育课，正好班主任生孩子，他就做代理班主任。他鼓起全身肌肉，全班男孩（那时，我们没"豆芽"，没"眼镜"，都是活蹦乱跳、浑身精力的调皮蛋）轮流去揪他手臂上的皮肤，但我们的指甲揪的不是皮肤，而是一块铁疙瘩！谁也不服的野孩子们，个个摇着头败下阵来！哇，我们这帮野孩子心中有了男神——他说啥我们听啥，课堂从此不再乱哄哄……后来，他回了体委，我们想去请愿，把他留下来当体育老师，当班主任！但教导主任堵住校门，没让我们去……

岁月荏苒，他叫什么已想不起来了，好像姓李，真有一丝遗憾，可能他根本就没跟我们说过，也可能说过，但当时谁会在意一个代课的体育老师？然而，正是这个"体育老师"让人无法忘怀！

孩子的成长，还需要一种特质——grit（磨刀石中的金刚砂），意即"刚毅""坚忍"。大概这就是那个代课的体育老师潜移默化地留给我们的在后来"劳其筋骨"的岁月中让我们不屈不挠的意志品质。

体育不是一门课，而是关于"体"和"育"的学问，无法用考试衡量，需要我们用一生去学习，去思考，去体验……

（本文刊发于 2020 年 11 月 13 日微信公众号外滩教育，收入本书时有改动）

何为体育的"育"

2016年里约奥运会,美国派出555名运动员,其中,417名为全美大学体育协会成员。换言之,约75%是大学生。再换言之,美国大学生获得了最多的奥运奖牌。

再来点儿"花边新闻":在我任教的大学,拿最高工资的是橄榄球教练,龙虎榜第二才是校长,第三是冰球教练……

美国高校重视体育,从中可见一斑!

然而,高校体育不是空中楼阁,欲了解体育强国的基础是怎么夯实的,就必须理解何为体育的实质。

这里我想强调,体育的"体"不仅指身体,还指"体"之"魂魄",即所谓的体魄。身心健康,不仅有身,还有心。体育的"育"若仅指身体的发育,就真成了"四肢发达,头脑简单"啦。

体育的"育",指身心的健康发育。

体育在许多人眼里,只有身,没有心;只有体,没有育。

我们说体魄强健,除了体,还有魄——依附形体而存在的精神。体育的"育"是指对魄的育化,对人的心理素质、道德观、价值观、法治观等的育化。

一、淘汰豆芽型,不要玻璃心

我儿子读高中时,为参加足球队,经历了炼狱般残酷的"淘汰竞争"——与200多人在烈日下上演物竞天择:每一轮拼搏都包括一圈环校跑(长跑)、三组400米跑(中跑)、四组100米折返跑(短跑)。

第二轮开始不久,就有孩子晕倒、抽筋、呕吐……

啥叫"惨不忍睹"？妻子和我连第一轮都"不忍卒读"就背过身长叹……

最后进行了多少轮，对"九死一生"的孩子来说也是一笔糊涂账。

后来，儿子参加了球队，成为当年进球第二多的队员。谁知，第二年要进球队，还得再下"淘汰竞争"的油锅。

儿子心想，去年进球8个，队里还能少了自己？"淘汰竞争"应该就是走过场吧，因而没认真准备。结果，这个进球明星，跑着跑着倒在地上，就被残酷地物竞天择了。

去年8个进球，已成历史；今天倒在地上，就是既成事实。只有永远处于从零出发的状态，才会不恋过去，不惧未来……

吃苦教育不等于挫折教育！有的人吃苦不皱眉，但遇到小挫折就玻璃心，泣不成声……缺的就是失败和挫折的锤炼。

儿子被足球队淘汰，只好改打网球。

参加网球队同样得过"淘汰竞争"这关。所谓"淘汰竞争"，即教练不定人选，在竞争面前人人平等——让所有想进球队的孩子在残酷竞争中择优汰劣。

如果说足球队的炼狱，更多的是生理上的折磨，那么网球队的油锅，则更多的是心理上的煎熬。

参加网球队"淘汰竞争"者，每周有两个早上必须在凌晨5:30前，赶到离学校有半小时车程的某网球俱乐部打球。从我们家开车到该俱乐部约40分钟。4:45出发，孩子4点（这是人睡得最香的时候）就得起床。学校8点上课，正是父母上班时间，家长不可能在俱乐部等孩子打完球，再送他们去学校。

根据俄亥俄州的法律，年满16周岁的孩子，可以开车。这样，有些高年级的同学就可以开车。于是，孩子们还得自行协调谁坐谁的车回学校上课。要命的是，如果今天A打败了B，B就丧失了参加网球队的机会，而偏偏可能是B可以开车，而A必须坐B的车（有点儿恩将仇报的画风哈）……

这一切均由孩子自己沟通、协调，教练一概不管。

刚开始，我不敢相信自己的耳朵：这简直是天方夜谭！孩子以学习为主，怎能这样折腾？又不是上体校！

矿矿坚持要参加这个"淘汰竞争"，并保证不影响学习。当时，儿子还不能开车，注定是个两难角色：若赢了球，可能是对车主"恩将仇报"；如输了球，就是折磨自己。

某天凌晨参加淘汰赛后，当天早上有数学考试，不知是球没打好心神不定，还是打败车主内疚不安，抑或是受到欺辱……总之，数学只考了 87 分。

孩子于心不安，一回家就说："爸爸，您什么都不要说。这个 87 分不是我的水平。主要是我还没有适应凌晨打完淘汰赛，又接着考试的挑战……"

我想说点儿什么，但什么都没说。孩子需要在抗挫的挣扎中，自控情感，砥砺理智，调节压力，磨炼意志……

三周后的某天，又是凌晨打球后接着考对数方程，这次他得了 100 分。英语的 log 可以是"对数"，也可以指"原木"。考完试后，矿矿在试卷上画了一只爱咬原木的河狸，手中拿着木头说："Logs are fun!"既可以直译为"木头真有趣味"，又可以意译为"对数小菜一碟"。数学考试得了 100 分，老师又给试卷上的画加了 0.2 分。我很欣赏这个 100.2 分。第一，老师加分很有艺术，因为 0.5 分以下不算分，矿矿并没有因此多得数学分，但老师通过这个不算分的分，肯定了孩子清晰的数理逻辑和丰富的形象思维。第二，考完试还有心思在试卷上画画，表现了孩子游刃有余的自信心。第三，这个超满分，包含了许多课堂上学不到的东西。

表面上，孩子参加的只是普通的网球淘汰赛；实际上，孩子锻炼了心理自控力、抗压协调力……打球的目的是成长——生理、心智、情感、社会等方面的成长。

最后，孩子参加了学校网球队。

我想，现在儿子作为出庭律师在法庭上的自信、自控、自觉、自尊、自律，恐怕与他经历过的许许多多体育故事有关吧。

二、"既当裁判，又当球员"不是笑话

人类具有自我教育的"特异功能"——通过知识内化的过程去产生新的知识，并把知识内化为自身的认知能力。

除了学术上的自我教育，还可以通过体育运动，进行道德观、价值观、人生观、世界观、法治观等的自我教育。

儿子初中就参加了学校网球队，直到高三，有三四年球龄。在这几年中，只要有机会，我都会去看他打球。

美国中学生的网球赛，让我最感兴趣的是没有裁判员、没有司线员、没有记录员，一切均由双方参赛队员"兼职"。有问题、有矛盾，也由参赛双方自行协商、协调，加以解决。

为了让所有球员都能公平地参加网球赛，每所学校都按不同年龄和水平组成 A、B、C 三个队。每次两校之间的比赛都是同时在三个级别的队之间进行，而且每两队之间同时进行 6 场比赛（每队三个单打，三对双打）。也就是说，每一次至少有 18 场比赛。如果每场比赛都设裁判员、司线员和记录员，就需要第三方派出近百人次的裁判队伍。而且网球赛耗时长，校际赛次多。耗人力，费时间，上哪儿找第三方？因此，只能由参赛的孩子们自己给自己当裁判员，当司线员，当记录员。

这种"既当裁判，又当球员"的画风确实有点儿恐怖！

即使有裁判员、有司线员、有记录员，就是成人之间还会为一个争议球面红耳赤地争执不休，也会"黑哨"满天飞，更何况没有裁判监督的孩子？

我深感不可思议。

第一，出没出线、得不得分、各自得了多少分，均由参赛双方自行判断。

第二，球似弹射，在不在界内，全凭肉眼瞬间判断。如果由比赛双方球员自己当裁判，由于视角不同，方位不同，看的结果会不同。而且若是单打，场上只有"你死我活"的两个对手，没有痕迹，没有证据，谁说了算？

第三，要命的是，非关键球可礼让三分，但有时一球能定双方的胜与负，而这个或胜或负的关键球，要由两个"敌对"的孩子自行判断，如果其中一个道德出了问题，就成了死无对证！

更不可思议的是，儿子打了几年网球，正式的、非正式的比赛，少说也有上百场，竟然没有发生过，也没有听闻发生过因为我担心的这种"纠纷"而进行不下去的比赛。

当然，偶尔因为个把球出没出界，也会有不同看法，但都是因为各自的视角不同得出的不同看法。一般都由离球近的一方或球在自己这半边球场的人最后说了算。基本没见过耍赖的，也没见过激烈的争执。

说难也难，说不难也不难：除了道德的洗练，球赛不过是场"游戏"而已。

从小在体育运动中学会遵守"游戏规则"极其重要！这关乎竞赛的公平、道德的底线。奖牌至上、锦标中心，要面子，无底线，欺诈、使坏、耍赖等践踏道德底线的行为，连本方队员和教练都不齿。

从小培养道德判断、是非判断、价值判断的能力，学会遵守游戏规则，培养道德观念和法治意识，这是自我教育的过程，也是能力内化、升华的过程。

自我教育是教育的最高境界，是让孩子在参与的过程中建构自己的能力，并通过自己的能力去建构自己的认知和知识。自我教育是在认知、体验、感悟中把学习内化、升华为能力的过程。因此，自我教育的过程是内化的过程，是理解的过程，是质疑的过程，是批判的过程，是重构自己的认识的过程，是成为大脑的主人、学习的主体的过程。

谁充分利用了人类的这个"特异功能"——自我教育，谁就会在人生的赛跑中受益终身。

君不见，体育的"育"就是自我教育！

（本文刊发于 2016 年 8 月 23 日《光明日报》，收入本书时有改动）

搞教育就是写历史

今天，想借这个机会跟年轻的教育者分享一些自己的亲身经历和对教育的思考。

一、是什么机缘让我接触到教育事业

我出生在教书匠的家里，父母都是老师。父亲聪明好学，是个地道的农村孩子，揣着祖父卖耕牛的钱，到当时的省府就读桂林中学。后来，居然考上了北京大学西语系。抗战时转到昆明读西南联大。

据说（读大学时，三位曾就读于西南联大的教授跟我说过），父亲假期也打工，给修机场的美国空军当翻译。抗战胜利后，父亲到北京读了一年书，就到柳州市的柳庆师范当老师。1958 年被划为"右派"，父亲生性乐观，白天敲钟、油印、刷墙，晚上还常给我们讲些"三国""水浒"的故事。

父母是桂林中学的同学。我大舅曾经两度出任桂林中学的校长，不知大舅当时是否认识我父亲，我没敢问。抗战后期，母亲就读于中山大学。后来，和父亲在柳州成立了小家庭，也就一直待在家里相夫教子。直到父亲被划为"右派"，母亲就去市郊的一所刚建的中学当老师。记得学校很荒凉，路上还不时能见到挺吓人的坟墓……其实，我对教育的接触和理解，更多来自我母亲（当然，作为一个"勤杂工"的儿子，换一个角度看教育，也有独特的理解和意义；但那是另一个话题）。

很多学生都称我妈妈为"母亲"。儿时，我很不理解：那是我妈妈，又不是你们的妈妈。

母亲高度近视，晚上去家访，总要带上一个孩子做她的"小拐杖"。

结果，常常是我们睡着了，让高度近视的母亲一脚深一脚浅地背回来。其实，母亲才是领着我们步入人生的拐杖。

我第一次体验到什么是"权威"，已是很久很久以前的事情了，反正我还很小。一天，有人重重地敲我家门。开门一看，是一个阴沉的大汉。他跪倒在我母亲面前："何老师，您还记得我吗？我是×××，我是一个罪犯。如果听您的话，我就不会坐牢了。在监狱的每一天，我都在想：出狱的第一天，第一个要见的人，就是您——何老师！"

我直发抖。

母亲平静地说："站起来，不要跪着！"

大汉开始磕头："何老师，如果您不原谅我，不认我这个学生，我就不能站起来！"

母亲轻轻地叹了口气："只要改正错误，你还是我的学生！"

我蜷缩在墙角，一动不动……不知道为什么瘦弱的母亲对这个强壮的罪犯有如此超凡的震慑力。

许多年后，我知道，普通的中学教师也可以拥有比警察更强大的精神力量——"权威"！

于是，我也想成为比威风八面、全副武装的警察更有震慑力的老师！

当然，有个问题也开始不断地困扰我：为什么一个弱不禁风的老师可以比一个全副武装的警察更有震慑力？

好玩的是，在想通这个问题前，我已成为一名教师。"权力与权威是不同的概念"，是当老师后想通的，好在没影响我走上教师的道路。

在现实中，许多人既有权力又有权威，这是毋庸置疑的。但我们特别需要注意的现象是权力和权威的剥离！也就是说，不少有权力的人可能并没有权威；与之相反，不少拥有权威的人却没有权力。美国总统拥有超级强大的权力，但是有些美国总统在普通百姓心目中没有任何权威，以致成为大家茶余饭后嘲笑的对象。老师无疑是拥有权力的，但是许多老师在学生心里可能并没有权威。他们可能声嘶力竭，甚至歇斯底里，但是没学生听。相反，某些在教室里根本无权力可言的学生，他们轻轻的咳嗽对一些同学来说，比老师的千言万语还有分量。有时很难描述权威的来源。某人的一瞥可能足以在另一个人心中树立起无上的权威——大概，这就是人格魅力。

权力是行政机构、宗教或文化给予某个职位、职务或角色行使的职权和权限。

简言之，权力是上层和外在给予的，是物化的。

权威是精神层面的感召力，需要自己去衍化，去润育，去穿透……旁人是爱莫能助的。

无论当教师还是做父母，一定要弄清权力与权威的概念和边际，努力提升自己的人格魅力，切忌滥用手中的权力。

二、在当代社会，从事教育研究有什么意义

其实，对这个问题，我自己也有过困惑。

我母亲是在抗战年间读的中山大学，主修历史。后来，到柳州当了一名普普通通的中学教师。

我曾问母亲："为什么在著名的中大读历史，却当了普通的中学教师？"

母亲看看我，意味深长地想了想，摸摸我的头说："孩子，搞教育就是写历史……"

我蒙圈了，完全蒙圈了！

后来，曾有多少噩梦和美梦伴随我度过了多少个不眠的长夜……

于是，许多年后，我才理解：历史并不是掌握在少数人手里，而是掌握在从事教育、培育孩子的人手中……

搞教育就是写历史！太意味深长啦……

我曾听过有人说我妈妈搞的是所谓"母爱教育"。

某个平凡的日子，在母亲的有生之年，她的学生集资重建了她曾经任教的中学校门，唯一的要求是把我母亲——一个平凡的老师的名字刻在校门上。

我终于理解，为什么许许多多学生把我妈妈叫作"母亲"——世上最平凡而伟大的称呼……

三、《素质教育在美国》惹的"祸"

20多年前，我曾写过一本书，叫《素质教育在美国》。这本书写作和出版的前前后后，经历过许许多多有趣且发人深省的"张冠李戴"，甚至"惊动"了中美两国的学界、教育界关于"从理念到概念"的潜移默化过程……

其实，《中国青年报·冰点周刊》也谈过类似"素质教育是个伪命题吗"的问题。

新东方联合创始人徐小平曾在博客中说，他们曾经为了翻译"素质教育"颇伤脑筋。徐小平有一位曾经在哥伦比亚大学留学的同事，其导师在中美教育研究中地位特殊——专门翻译中国教育中的各种独有名词。然而，这位美国教授不知如何翻译"素质教育"。

许多中国人都曾饶有兴味地与美国人探讨"素质教育"的问题，美国人均一头雾水！更一头雾水的是国人：美国不是在实施素质教育吗？为何竟然不知素质教育为何物？

恐怕，这都是《素质教育在美国》惹的"祸"。

2010年某日，我的秘书说："校长办公室电话通知，有一位中国的教育局局长下午将来访……"

我们是州立大学，惊动了校长，一定与州里有关。果然，是友好省（湖北）教育代表团的一位成员，由当地学区督导（相当于国内教育局局长）陪同来访。

刚一落座，客人就问："您怎么看美国的素质教育？"

我一愣，随即哈哈大笑："严格地说，美国不用'素质教育'这个概念……"

他很惊讶地打断我："您说美国没有'素质教育'？"一边说一边掏公文包。

我意味深长地笑了笑："这个话题非常有趣！美国有我们所说的'素质教育'，但不叫这个名字。不信，你问学区督导……"

他一边看看学区督导，一边给我摊开几张中文报纸，并辩解道："这不是说的'素质教育在美国'吗？"

我一看，更乐了！这不是我在《中国青年报·冰点特稿》专栏上发的几个整版文章吗？

一旁的副院长莞尔一笑，指着报纸上的照片："这人是谁？"

客人看看我，看看照片……突然眼睛发亮！

我点点头："岁月是把杀猪刀。"

"素质教育"曾是有名无实的理念。

有人评价："黄全愈的素质教育理念对中国现代教育的改革产生了深刻的影响。"

反对者认为：绝对言过其实！

支持者说：现在有谁能够像黄全愈（作为一位教育研究者和父亲）一样，花数十年心血，用"参与观测法"深入美国教育的"心脏"去做研究，并向中国的教育界、家长、孩子和大众，那么全面、系统、深刻地剖析美欧的教育？更重要的是，黄全愈的研究对中美教育进行了双向的"庖丁解牛"式的阐释和剖析，对国内的教育进行了发人深省的反思。因此，没有黄全愈的系列图书，国人恐怕根本不理解"素质教育"为何物！

许多年后，曾获"普利策奖"提名的《华盛顿邮报》驻北京首席记者、史学家潘文的著名史学著作《美国与中国：18世纪末以来的美中关系史》（*The Beautiful Country and the Middle Kingdom: America and China, 1776 to the Present*），记载了从美国建国至今超过200年的中美关系史。书中以"重新发现美国"的视角，叙述了我及我出版的书在中美关系史中的作用，并拿我与徐继畬（清代著名学者，中国近代开眼看世界的先驱，其《瀛寰志略》推介世界文明引起轰动）相比。

2020年9月3日，英国《经济学人》杂志发表文章《中国的学校正努力使学生的生活变得轻松一些，为什么有些家长反对》，文章指出：

"21世纪初，一本关于在西方抚养孩子的畅销书《素质教育在美国》普及了素质教育的观念。素质教育指的是全面的教育，不是仅重视知识，而是更重视培养人格。正是素质教育指导了南京大部分较为宽松的教学行为（作者注：然而，到了2020年，南京的家长反对学校推行素质教育）。"

美国人爱说"Put my two cents in"，中文意思是"不过鄙人的浅见而已"。

我也借用一下："古今多少事，都付笑谈中……"

据说，中国在20世纪80年代，就提出了"素质教育"的理念。但是何为"素质教育"？国人众说纷纭，莫衷一是。2000年，北京四中的刘长铭副校长跟我说，关于素质教育，当时中国已有54种定义。2001年，台州师范专科学校的张教授告诉我，关于素质教育，她已收集了13种译法。

当然，很多人以为，课后唱唱歌、跳跳舞就是素质教育。

还有一位教育学院的院长跟我辩论："应试是不是素质？若然，应试教育就是素质教育！"

让人啼笑皆非。

谁提出的"素质教育"的理念，至今仍是一桩悬案。至于如何改革应试教育，如何实践素质教育，还是老话说的："摸着石头过河。"

我也"摸着石头"跨洋过海研究教育理论。

积20多年对教育的观察、比较、分析、研究，我写了一本书，内容正是颠覆根深蒂固的应试教育，为教育的真谛——也恰恰是国人说不清道不明的"素质教育"正名。于是，我"洋为中用"地给这本书取了个名字——《素质教育在美国》。

从此，有名无实的素质教育凸显了直观、生动、可操作、可实施、活灵活现、神形兼备的实质：激发创新、解放个性、尊重人性、鼓励独立、勇于质疑、敢于求异、善于发现、促发科研、学以致用、植根社会、孕育领导力、强健体魄……

那年，人们仍然跟我争辩：应试教育比素质教育好！

我说："考试仅为检测教学的手段之一。当这个'之一'的'手段'变成整个教育为之团团转的唯一'目的'时，教育的本质已被颠倒！"

沉默俄顷，听众又群情激奋……

我只好说："我们应该建议计生委允许生两胎，一个搞应试教育，一个搞素质教育。20年后，让这两个孩子自己辩论……"

想辩及不想辩的都哄堂大笑。

次年，对素质教育人们已将信将疑，逐步消化……基本无人再质疑其真谛。

近20年过去了，计生委也同意生两胎了，但是，还要不要再等20年，再次激辩"素质教育"呢？

其实，哥伦比亚大学的教授也不说"素质教育"这个概念，这是我"张冠李戴"的。也有人说，素质教育从"有名无实"到"名符其实"是我歪打正着。

所谓概念，是人类在认识事物的过程中，把所感觉到的事物的共同特点，从感性认识上升到理性认识，抽出本质属性而成。与理念不同，概念既有内涵又有外延。概念随着社会历史和人类认识的发展而变化。当素质教育从理念衍变为概念时，就既有内涵又有外延，即有了含义和适用范围。

因此，也有人认为，"素质教育"从理念到概念，就是我对中国教育改革的贡献。

其实，素质教育的理论基础即大哲学家杜威的实用主义哲学。有趣的是，虽然美国不说"素质教育"，但是如果只给"素质""教育"这两个单词，不少美国人也能将教育的本质如数家珍般娓娓道来……

有人说，《素质教育在美国》能成为年度非文艺类第一畅销书，是"时势造英雄"；其实，是中华民族在强烈地呼唤素质教育，是中国教育改革的时势成就了我的研究。正如该书出版后一位教育厅厅长注脚性的概括："忒搞笑的是，反对（素质教育）者在为反对而反对，因为根本找不到着力点；推介者有劲无处使，也是找不到着力点。因为素质教育就是个空洞的口号，没理论，无内容。而您的书正好在这时，很直观、生动、理性、深刻、系统地回答了国人的种种困惑……"

我无法统计读者中到底是家长多还是老师多，但是家长的热情似乎比老师高，至少没发现对拙作咬牙切齿的家长，然而有老师公开扬言要"砍"我，并且是在南宁——我的故乡。我对转达这个"砍"的家长淡淡一笑：姑且看作君子动口不动手的"侃"吧，不然就真没"素质"了。

2003年12月，潍坊市一位高中校长在我的报告会上宣称："您的素质教育理念已颠覆了中国传统的应试教育！"

全场静悄悄。

然而，高考这个瓶颈卡住了素质教育。不迈过高考这道坎儿，校外补课、培训、学区房等应试教育的衍生物，就会使素质教育渐行渐远。

四、作为"传"播素质"教"育理念的斗"士"，我撒播了星星点点的"素质教育"……

2006年11月5日《光明日报》的长篇报道《黄全愈：教育的"修桶匠"》写道："有人说，他像斗风车的堂吉诃德；有人说，他像独行侠似的美国西部牛仔；也有人说，他像风尘仆仆的传教士。"

我倒喜欢"传教士"这个称谓——"传"播素质"教"育理念的斗"士"。

其实，作为"传"播素质"教"育理念的斗"士"，我撒播了星星点点的"素质教育"……

比如，2001年10月，我出版了《"玩"的教育在美国：玩——素质教育的摇篮》。

1988年，我刚到美国教书，系里有一门课叫Leisure Study，引起了我的好奇，就与有关教授开始探索。后来，到迈阿密大学攻读博士，就更关注这门课。其实，怎么翻译Leisure Study？怎么将它与中文里对应的概念联系起来？我很费了一番脑筋。比来比去，觉得翻成"休闲学"较恰当。

但是，问题来了：在中国的传统文化和社会文化中，家长和老师对玩存在很多偏见。从"玩物丧志"到"纨绔子弟"，玩的形象很不好，名声也不正。只看到玩对孩子的"毁"人不倦，看不到玩的学问……

我第一次在这本书里把玩跟孩子的素质教育联系起来，第一次把当年的"减负"与玩耍联系起来，从孩子的身心发展、从培养社会人的角度分析了玩耍在孩子成长过程中的作用和意义：玩，是孩子对这个世界最大的贡献；玩，是孩子发现自我的桥梁（性格情感的发育过程）；玩，是孩子情感发育的实践基地（自控情感的发育过程）；玩，是孩子走进社会的模拟训练场（人际情感的发育过程）；玩，是孩子道德养成的摇篮（道德情感的发育过程）……归根结底，玩——是素质教育的摇篮！

这是对中国教育理念的一次突破性研究。

可惜，这是我很在意但销量却最差的书，寄给出版社的许多宝贵的照片都遗失了，这让我耿耿于怀至今。

2003 年，我出版了《"高考"在美国：旅美教育学专家眼里的中美"高考"》。我认为，这也是一本触及中国教育灵魂的书。这本书由出版界的翘楚北京大学出版社和广西师范大学出版社罕见地联合出版。

这本书在正面、系统地展示美国"高考"的同时，深刻地剖析了中国高考与美国"高考"的异同。

第一，这本书的英文书名，出版社拟为 *College Entrance Exams in America*（美国高校入学考试），但我改为 *College Admissions in America*（美国高校招生），因为这是两个完全不同的概念。

在美国，俗称的"高考"（SAT 或 ACT），仅是考而已，与高校录取相去甚远。然而，一个"考"字和一个"录"字，却泄露了天机。

在国人眼里，考就是录，"考""录"不分，甚至以考代录，考好了，就被录取了，考分即录取标准。

而美国的高校招生，考和录是完全不同的概念，考并不代表录——考离录还有十万八千里。

第二，美国"高考"用终点思维（而不是开学典礼上"赢在起跑线上"的思维），让学生站在毕业典礼上接受全面的洗礼。

一位院士朋友来参加孩子的毕业典礼，他深有感触地问我：为什么国内开学典礼隆重异常，而美国毕业典礼异常隆重？

引起这位朋友思考的是重视起点还是关注终点的问题。

关注终点——异常隆重的毕业典礼，必然用大进小出的炼钢炉模式，也就是除渣成钢的流程和机制。

然而，每年都搅动人心的高考只重视开学典礼——在起跑线上判断输赢。于是，大学就成了进什么出什么、进多少出多少的传送带，而不是浇铸钢水的冶炼炉。

第三，高考到底是遴选考生还是甄别学生？

应试教育和素质教育的本质区别，可以概括为两个词——"考生"与"学生"的差异。

为什么中国孩子年年问鼎国际奥赛或国际学生评估项目，但与诺贝尔科学奖的结果并不匹配？因为应试教育是训练考生——寻找已知世界的现成答案者，而素质教育要培养探索未知世界的学生。

此外，我还出版了一本系统、全面剖析美国天赋教育，同时也尝试让美国天赋教育为中国所用的理念的书——《培养智慧的孩子：天赋教育在美国》。

天赋教育就是俗称的"神童教育"。

首先，美国 50 个州每所具备条件的学校都为 2% 到 5% 的孩子搞天赋教育。

其次，什么是"神童"？一般来说，是全美或各州统考成绩 98% 以上（作者注：统考成绩排名高于 98% 的人，包括 98%、99% 和 100%。例如，100 人中有 3 人是 98%，99% 和 100% 各有 1 人，即总人数的 2%—5%）或智商指数 130 以上者。

再次，怎么选"神童"？最热闹的是自己的家长或同龄人也能参与选"神童"。关键是公开、透明。

更重要的是，我提出了颠覆美国天赋教育的主张，并在分析中美教育的现状与差异时，展示了对吸纳美国天赋教育的反思。比如，是培养

"聪明孩子"还是培养"智慧孩子"的思考：

聪明的孩子能知道答案，能理解别人的意思，能很快抓住要领，能完成作业，乐于吸收知识，善于操作，长于记忆……

智慧的孩子能提出问题，能概括抽象的东西，能演绎推理，能寻找课题，能运用知识，善于发明，长于猜想……

显然，"知道答案"与"提出问题"等，不是一个等级。天赋教育就是要营造一种环境，去培养孩子的创造性、好奇心、独立思考能力。

我的其他书，如《生存教育在美国》等，也有各自的特色，这里就不"黄"婆卖瓜啦。

当然，为传播教育理念，除了出书（纸质、有声或电子版），我还撰文，办讲座，开网课（音频和视频），搞直播……其实，我也常常出没于新浪微博、头条、腾讯微博（可能因微信崛起而渐渐"自废武功"，这让我对曾经不离不弃的约 50 万粉丝深感歉意）。

我在美国上完课，都爱问"还有什么问题"。当然，美国教授最雷人的一句话是"对不起，我被您问倒了"。

希望下次有机会"被您问倒"……

（本文是 2017 年 7 月在李镇西博士工作站组织的青年教师培训会上的报告及 2019 年 6 月 3 日网易的教育专访，收入本书时有改动）

下篇

他山之石

素质教育是个伪命题吗

一、美国没有"快乐教育"的说法

教育要减负，有人就说"美国的底层（穷人）才搞快乐教育"；应试教育要改革，有人就说"美国的顶层搞的是应试教育，中层才搞素质教育"。

真相如何？恐怕还得从头说起。

首先，美国没有"素质教育"这个名词，也没有"快乐教育"的说法，更没有"顶层搞应试教育"的事实……①

其实，从美国教授到家长，都不用"素质教育"这个概念，它是我"张冠李戴"的。由"素质教育"派生的"快乐教育"，美国人也不这样说。

不说，并非没有，只是有实无名而已。实际上，从底层到顶层，无论穷富，美国遍地都是快乐教育，就连只对 2% 到 5% 的高智商孩子实施的天赋教育也是快乐教育！

素质教育是把人的潜能、品行、特质充分发掘、发挥出来的教育，是育化和升华人的潜在能力的教育。怎样才能把人的潜能发掘、发挥出来呢？快乐教育可以，吃苦教育也可以，生存教育、天赋教育都可以。所以，搞素质教育可以很艰苦，也可以很快乐。

美国幼儿园的孩子，不在乎 1+1 等于几，整天都在游戏中乐此不疲地培养好奇心、想象力、探索精神、创造性、独立性、情绪控制能力、

---

① 为避免重复，此处省略关于"素质教育的来龙去脉"的详细描述。请参阅本书中《搞教育就是写历史》一文中的有关部分。

::: 153 :::

社交能力、团队精神等。你说这是快乐教育还是素质教育？

当然，越是低幼，竞争的压力和学习的分量越小；随着年龄的增长和核心素质的不断增强，通过进取和奋斗去获取成功的快乐会越来越多。这是人的成长规律使然。

说美国的顶层搞的是应试教育，更是一些亚裔家长的一厢情愿，或者是某些连何为应试教育都整不明白者的耸听之危言。

2015 年，哈佛大学招生办主任马林·麦格拉斯（Marlyn McGrath）说，哈佛每年都会收到约 500 个 SAT 满分者的申请。如 2015 年，哈佛本科的录取率仅为 5%，"这意味着差不多每 5 个满分学生有 4 个被拒绝（作者注：此比例的逻辑推断有瑕疵）。这也说明了其实成绩并不是我们最为看重的部分，它只能从学术方面反映一个学生的表现"。她想表达的是，哈佛每年都会拒绝许多只会考试的应试教育的佼佼者。

2018 年，以获最多诺贝尔经济学奖的芝加哥大学为首的约 1000 所大学，不再要求 SAT 或 ACT 成绩。

凡此种种，是美国"顶层搞应试教育"的画风吗？答案不言自明！

二、快乐教育的不快乐

为给不堪重负的孩子减负，还是说说快乐教育那些理和事儿。

儿子刚上小学时，我嫌美国小学教育太小儿科，孩子整天乐呵呵傻玩，于是，就给儿子买了整整一套数学课本。

课本编得非常简单、明了、易懂，我让儿子每天自学四页，自己做作业，自己检查。前面太简单，就跳着学。结果，上小学二年级时，他就自学到了八年级的数学，把包括教授们的孩子在内的同班同学，甩了七八十条街（但十年后尝到苦果，那是后话）。

可想而知，当时儿子在学校的数学课上有多无聊。于是，他就变着花样在课堂上捣乱。老师问"3+5 等于几"，儿子说"3+5=24÷3"。全班孩子蒙圈了，老师更蒙圈了。答案是对的，但说他对，美国孩子却不干了：这个中国造的"人脑计算器"（human calculator）到底在说啥？

儿子得意，同学蒙圈，老师尴尬……

有人危言耸听地声称：减负和快乐教育会摧毁基础教育！果真如此吗？

故事暂且打住。

下面是里姆（S.B. Rimm）博士整理的艾奥瓦基本技能考试全美统考成绩。请读者看看字里行间透露了什么端倪。

艾奥瓦基本技能考试全美统考成绩

科目	年级	成绩	年级	成绩	年级	成绩
（100 分为满分）						
词汇	六年级	72	七年级	85	八年级	88
阅读	六年级	67	七年级	71	八年级	78
拼写	六年级	71	七年级	84	八年级	85
大写	六年级	42	七年级	72	八年级	79
标点	六年级	50	七年级	87	八年级	94
实际运用	六年级	79	七年级	92	八年级	94
数学概念	六年级	81	七年级	82	八年级	95
数学解题	六年级	43	七年级	72	八年级	85
数学计算	六年级	65	七年级	72	八年级	68
综合	六年级	66	七年级	84	八年级	91
（140 分为满分）						
语言	六年级	110			八年级	119
非语言	六年级	102			八年级	110
数字	六年级	114			八年级	135

注：此表源自《天赋教育》（*Education of the Gifted and Talented*）一书。

细心的读者会发现：除了八年级"数学计算"的 68 分低于七年级的

72 分外，其他所有科目均是年级越高，成绩越好。换言之，随着年龄的增长，学习难度加大，孩子的成绩反而更好。

这个现象显然违背了我们的常识：年级越低，学习强度越弱，学习程度越浅，所以，成绩越好；反之，年级越高，学习强度越大，学习程度越深，于是成绩随之降低。计算 3+5=8 之类的题目，小学生得个 100 分很容易；而到了高中，微积分要得 100 分就难了。这是学习和生活中的普遍现象，甚至是常识和规律。

这个"常识和规律"，为什么在实施减负和快乐教育的孩子中，却反其道而行之？

其实，首先引起我注意的是，我所在的俄亥俄州，小学四年级到十二年级（高四）的学生，各科统考的及格率普遍是：年级越低，及格率越低；年级越高，及格率越高。

随着调查的深入，我发现，这不是某一个州的个别现象，而是全美的普遍现象：实施减负和快乐教育，孩子虽然起跑落后，但在终点却领先！

华人孩子却不一样，越是低年级，越能领先于美国孩子；年级越高，与美国孩子的差距越小，到了高中，与美国优秀的孩子相比，已看不出差距。

我儿子很有点儿目空一切，但有一天，他感叹道："其实，并不是我们比美国孩子聪明，是我们比他们学得早、学得多……"

有人说我这个发现是伪命题。实际上，出现这种现象的原因，就在减负和快乐学习中。

三、快乐学习不是伪命题

德国宪法第七条第六款，明确禁止向学龄前儿童教授学科知识。美国宪法虽没类似条文，但既然是学龄前，就是去上学、去学习学科知识之前，所以，美国文化也不屑于让学龄前儿童学习学科知识。

美国 4 岁的孩子基本不懂也不学 2+2 等于几，甚至也不系统地学绘画。

比如美国一所幼儿园为 4 岁儿童设计的教案：

主题——（色彩实验室的）科学戏剧。

形式——在实验室里，孩子们扮演科学家去创造新颜色。

目的——通过对色彩的理解，学习证实或证伪某个假设的（科学）实验方法。

非常有意思的是，孩子无法用文字来表达自己创造的颜色，就找近似的彩色蜡笔类比般地画下自己创造的颜色。

我问幼儿园老师："找不到近似的彩色蜡笔去画下自己创造的颜色，怎么办？"

老师哈哈大笑："找得到，满足了孩子的好奇心；找不到，正好让孩子理解，创造就是'无中生有'……"

美国文化不但不屑于让学龄前儿童学习学科知识，而且也不提倡孩子过早进入竞争状态。

美国孩子四五岁就开始玩足球。所谓玩，不是在后院自个儿踢野球，而是请教练（作者注：虽然教练多为家长兼任，但主教练需要考试，并拿到证书），搞训练，打比赛。

社区每年都根据孩子的年龄，组织不同级别的比赛。教练大多由父母兼任，但没几个真会踢球。有时，球滚到我的脚边，我顺便"高俅"一两下，竟然也技惊四座。于是，人们纷纷怂恿我当教练，但我总是推辞。说起来，推辞的原因有点儿可笑：美国人只让孩子在踢球中玩乐，根本不在乎输赢。当个不在乎输赢的教练，意思何在？

有一年，因教练短缺，可能会影响到儿子踢球，我才不得不当了一回助理教练。孩子们总是嬉戏打闹，不认真训练。某日，是可忍，孰不可忍，我趁着来球，秀了一脚"倒挂金钩"。人人（包括主教练）目瞪口呆，我又趁机来一通"要赢球"的演讲。主教练顺势"让贤"，去给孩子们送喝的、递吃的……

我"夺权"后，按孩子们各自的特点，确定各人的位置，以便各司其职（不然，他们个个轮着踢前锋，都想过进球瘾）。两个最差的队员，只有在我们赢三个球以上时，才让他们上场踢前锋——远离自家球门，爱干啥干啥。

结果，我们所向披靡，一路高歌……大家都认为我们准能拿赛季冠军。但后来，我到德国出差，主教练"复辟"，继续搞快乐足球，于是乎，球队输得一塌糊涂。

四、现在不吃苦，将来二百五？

不输在起跑线上的蛊惑已有些声名狼藉，为了反对减负，又出现了一些似是而非的"警句"："现在不吃苦，将来二百五""现在不吃苦，将来准吃苦"。总之，就是想用吃苦教育来代替快乐教育，来代替减负。

毋庸置疑，在孩子的成长过程中，适当、适时地实施吃苦教育非常必要。只要吃苦教育的时机、形式、内容、目的得当，对培养孩子的情商和道德，诸如意志力、同理心、同情心等大有裨益。然而，用吃苦教育反对减负，反对快乐教育，就文不对题了。

实施吃苦教育，至少必须注意三个问题。

第一，吃苦的目的。如仅仅是冲着考分去强化吃苦，诸如"要成功，先发疯"等，其弊端已见诸报端，在此不赘述。

第二，吃苦的内容。为了让孩子（甚至是学龄前的孩子）在学科知识上"不输在起跑线上"而加压、加量，迫使孩子早学、多学，有害无益。

第三，吃苦的时机。即使目的、内容、形式皆正确，但若时机不当，也会适得其反。

孩子在发育的过程中，思维和行为会受到大脑阶段性发育的影响和制约。著名心理学家皮亚杰的研究发现，2—7岁孩子的大脑处于"前运算阶段"。此时，孩子缺乏逻辑思维能力，特别是缺乏反向的逻辑推理能力。比如，教孩子12+7=19，他可能可以理解，但很难自己反向推算出19-12=7。因为孩子的大脑尚处在知觉集中倾向的阶段，他们往往只会凭知觉集中注意事物的一个方面，而看不到事物的整体。

在这一阶段，把一大堆孩子的大脑根本不能理解、不能接受的东西，硬塞进孩子的大脑，结果会怎样？在"前运算阶段"就没少吃"具体运算阶段"，甚至"形式运算阶段"的苦，这不但会导致孩子思维发展滞后，还会引起各种心理问题。

有个问题一直困扰着我：我亲眼见证了儿子的经历——中国孩子的数学甩美国孩子数十条街，但为什么国际最高数学奖菲尔兹奖，美国斩获 27 枚，中国高校尚颗粒未收？

过早浸泡在题海中，上半场（起点）苦没少吃，但下半场（终点）效果不彰。

美国高中流传一个数字"4"：每天只睡 4 小时，喝 4 大杯苦咖啡，为的是获得 4.0 的平均分。从北大清华来美国攻读学位的，也都普遍感觉极艰苦。

其实，不是美国没有吃苦教育，而是美国孩子到高中才开始发力，中国孩子和美国孩子的差距在离终点线尚远的地方已逐渐弥合。

在美国，出现"年级越低，成绩越低；年级越高，成绩越好"的"反常现象"，是有原因的。比如，人们认为，孩子还小，在心理、生理、情感上，尚未具备应对激烈竞争的条件，因此，竞争会毁掉孩子的平常心，使孩子生活在压力、抑郁中，不利于孩子的身心健康。于是，在小学阶段，美国孩子信马由缰，优哉游哉，只在乎成长，不在乎胜负——基本没有像样的家庭作业，没有班级排名，甚至初中也还是过渡阶段。待核心素质逐渐强大后，美国的高中生才开始奋发，拼个天翻地覆、你死我活。因此，优秀的美国孩子与优秀的中国孩子之间差距越来越小。

五、"游戏"一回战争

杜威说："我们的教育中将引起的改变是重心转移，这是一种变革，一种革命，这是和哥白尼把天文学的中心从地球转到太阳一样的那种革命。这里，儿童变成了太阳，而教育的一切措施则围绕着他们转动；儿童是中心，教育措施便围绕着他们而组织起来。"

网游，让家长望而生畏。我儿子刚上初二时，接触到多用户虚拟空间游戏（Multiple User Domain, MUD）。初中是"童年的天堂"向"青年的战场"过渡的桥梁。美国初中一般只有两年，初二就是桥梁的末端。

我们来看看在这个天堂的尾巴和战场的序幕，孩子是怎样快乐地"游戏"战争的。

历史课老师亨利克先生布置了一个关于美国内战的课题研究，儿子选了"安提顿战役"。根据要求，一是提交论文，二是在班里做汇报，三是制作一个与课题研究有关的实物。

MUD 是第一代网游，是网游的鼻祖——通过文字描述输入指令来进行网游。开始孩子只是玩 MUD，后来解剖了几个程序，发现了编程的秘密。于是，他决定设计一个关于"安提顿战役"的网游。

这个网游计划有点儿疯狂。首先，他要把史实研究透。其次，他要设计战役的场景和人物。再次，他要把自己的构思写成一款网游。孩子很努力，自学 C 语言、JAVA。在提交作业的期限前，终于完成了程序测试。

"安提顿战役"的网游采用"穿越历史"的方式，电脑上，首先出现中学校门，然后是同学们走进教室。游戏里的亨利克老师，简要地介绍历史背景并说："如果你们想了解历史的真相，请拿上这把钥匙，打开这扇历史的大门，走进历史去做一个采访吧。"

同学们踊跃地要求当采访者。他们操作电脑，让自己走进南军司令部去采访南军司令。司令滔滔不绝地介绍南军的战略战术。到了南军前线，还可看到详细的兵力部署。在北军方面，同学们除了会见司令，还跟一位大个子士兵交谈。大个子告诉这些同学，他是怎样搞到对这场战役起决定性作用的情报的……

整个游戏把"安提顿战役"从大背景到细节都演绎了一遍。儿子把亨利克先生和班里的同学都"编"进了游戏中。大家看到自己出现在历史的游戏中，欢声笑语一阵高过一阵。

在编程时，儿子还不忘搞笑，比如，让亨利克老师穿戴搭配奇葩的领带和衬衣，手里还拿着网球拍。看到电脑中自己的"洋相"，亨利克老师开怀大笑。儿子的课题研究因标新立异得了130分（满分100分）。

后来，孩子一度野心勃勃地想把《三国演义》搬上MUD。

上了高一，某天晚饭后，儿子一边关门一边说："今晚，我要参加一个会议。"

原来，他已被一家MUD网站聘为"执行总监"，会议是讨论建立新的MUD网站。

网站的主人应该也是个孩子，想找几个既会玩MUD又会编程的人组成网游创作组，编最新一代的MUD。

我问儿子："他付你工资吗？"

儿子看看我，笑着说："老爸，这是做来好玩的。高兴就做，不好玩就走人，没人要工资。我们的最高原则是好玩！"

儿子长大后，在曼哈顿当出庭律师。在常人难以想象、难以承受的繁忙的律师工作之余，儿子在编写一个网游。我相信他会成功。因为这是他喜爱的"玩具"。

这是一个爱玩网游的孩子的故事。只要使用得当，网络对孩子的教育可以功大于过。怎样让孩子从玩MUD到编MUD，再到管理MUD？

儿子读高中后，我们对他实行"目标管理"：让孩子知道网络是工具，是让他更好地学习和生活的工具；也是社会化的途径，而不是脱离现实的迷宫。人是网络的主人，不是网络的奴才。

杜威的"儿童中心论"认为，孩子是起点，也是归宿！

杜威说："学校的重心在儿童之外，在教师、教科书及你所高兴的任何地方，唯独不在儿童自己即时的本能和活动之中。"

玩的程序被天然地写进了孩子的发育基因里，没有玩，孩子就会失去活力，甚至生命力。玩对孩子的成长，就像维生素。孩子的好奇探索、想象思维、自我意识、自尊自信、道德习惯、个性特征等都是在与同龄人的玩耍中启蒙和完善的。

学校减负，不是为了让孩子到培训班加负。减了负，孩子咋办？当然是玩！

玩是孩子的生命，没有玩，孩子也就不是孩子了。

　　减负是教育措施，减负也应该成为一种教育，叫"减负教育"。我们都要学一学减负的教育理念、减负的教学方法、减负的课程设计等，从孩子在减负中获得的快乐，去寻找和发现儿童教育的途径与规律。

　　（本文刊发于 2019 年 5 月 22 日《中国青年报·冰点周刊》，收入本书时有改动）

高考状元一窝蜂学商科，
但未必理解什么是契约精神

施一公教授表示："清华北大的人才很多学了金融专业，毕业之后便从事金融工作，甚少有人选择研究学术，投身研发，而祖国的栋梁之材都做出这样的选择，这对未来的经济发展形势会产生不好的影响。"

施教授的担忧有其道理，但从事金融工作也可研究学术（诺贝尔奖就设经济学奖）。士农工商，中国历来有点儿轻"商"，但市场经济应有适当的商，只要不畸形，也是有利于经济发展的。

施教授主要担忧搞科学研发的人才流失；我则担忧人才一窝蜂重商，却对契约精神不以为然。

契约精神不是一纸空文。契约精神曾是士农工商历来不屑的"傻傻"的精神。

一、一个让人难以忘怀的故事

遵守社会法则和社会规范的精髓之一，就是守约的社会化行为，也叫"契约精神"。其实，培养契约精神不是一蹴而就的，必须从娃娃抓起。当孩子进入社会时，契约精神将产生重大影响，并成为人生成功的精神财富。

我小时候看过一本连环画，是从苏联翻译过来的。书的名字叫什么忘了，但书里的故事，我记了一生，也影响了我一生。

故事说的是，有一群孩子在公园里玩打仗的游戏。一个孩子被司令员分派去一个十分重要的岗位站岗。司令员说：没有命令，绝不能擅自离开岗位。

游戏刚开始，突然狂风暴雨将铺天盖地而来。其他孩子（包括司令

163

员）都跑回家去了，只有他还在坚守岗位……

结果，爸爸妈妈焦急地找到公园，叫他回家。他说，在"司令员"分派任务时，他就保证——没有命令，决不擅离职守！

尽管只是一场游戏，但父母很欣赏孩子忠于职守的行为，不愿强迫孩子回家，不想伤害孩子的守约精神。但狂风暴雨正要席卷而来……这对父母灵机一动，请来一位穿制服的警察。

警察严肃地向孩子立正、敬礼后，郑重地表扬他忠于职守和信守承诺的行为，并告诉孩子，任务已经圆满完成，他代表"司令员"命令这位"战士"跟父母一道回家。

这样，孩子才撤离岗位，高高兴兴地跟父母回家了。

就是这本没了封面、破破烂烂的连环画，不但影响了我在"官兵抓强盗"游戏中的认真态度，而且影响了我成人以后对契约、对承诺的人和事认真负责的态度。很多人（包括与我打过交道或打不成交道的人）都感到有点儿不可理解。这时，我总是不置可否地笑笑……感谢一直在我心里站岗的那个守约的孩子。

后来，大概是在1981年，我在某大报上看到一个叫《忠诚》的儿童电视剧本，与上面讲的故事一模一样。我立即给该报编辑部寄了一封（在一个学生的生计里）价值不菲的挂号信，指出这个剧本的剽窃行为。一直没见回信，但据说后来该报登了一条豆腐块消息，说该电视剧本是根据某某作品改编的。

写《忠诚》的人不忠诚，可能是因为小时候玩游戏，尽玩背信弃义的"强盗"。

儿时一个小小的游戏，对人的一生可能会产生深远的影响。因此，守约的社会化行为需要在孩子的游戏、玩耍中培养。

可能有些老师和家长会说：我们也常常对孩子进行诚信教育。

诚信是"仁义礼智信"中的信。我们对亲人、熟人、朋友可能讲诚信，而对陌生人可能就讲"谋略"了。谋略，很多时候，就是忽悠、投机、不择手段。

著名的《田忌赛马》（其实，应该叫《孙膑赛马》，因为鬼主意都是孙膑出的），从来都被我们当成智慧、谋略加以赞赏。我想，当时的赛马是有规则的，否则，为什么马要分为三等？为什么孙膑知道齐王的马出场的顺序？因此这是典型的不守规则的例子。有的骗子声称自己的东西"虽然假冒，但不伪劣"——即便"不伪劣"，同样违背诚信原则！

卢梭在《社会契约论》中说，社会秩序来源于社会全体人的共同的约定。因此，遵守社会法则、遵守约定，就是尊重社会，也就是尊重我们自己。

在生活中就需要教会孩子遵守"游戏规则"，以培养道德观念和契约精神，为他将来的社会实践打下坚实的基础。

二、一个让人舌挢不下的故事

儿子上高三时，曾跟英文老师签过一份奇葩的契约。

当时，孩子正处于青春叛逆期，十分调皮。上课时，常常带头起哄，开老师的玩笑。老师原来还容忍他，但后来当地媒体披露儿子在国内出了一本畅销书，不知什么原因，老师就不再容忍了。于是，老师拿出一份以儿子为甲方、老师为乙方的"行为契约"，要求儿子跟他签契约，否则就不允许儿子选修这门课。

这是一所私立学校。学校不大，学生不多。这是高三年级唯一的荣誉英语课（所谓学霸才能选修的课）。如不上，就会影响将来申请一流大学。于是，儿子不得不考虑签约。

这份契约对甲方有四大规定。

一、上课不带头起哄（作者注：没提及开老师玩笑）。

二、完成作业。

三、不在课堂上睡觉。

四、成绩必须是 A。

作为乙方，老师的承诺有两条。

第一，同意我儿子继续选他的课。

第二，不歧视班里任何学生（包括儿子的小伙伴）。

当时，我们看到这份奇葩的"行为契约"，有点儿哭笑不得。我还代表儿子跟老师就契约的条款，逐条认真进行讨论，并讨价还价。比如，我说："不睡觉、不起哄、完成作业，这是他的责任，在甲方的可控范围内，他签了约，就会努力守约。而要求他成绩必须是A，这就有点儿蹊跷了，因为这往往甲方不可控，而在乙方的可控范围内。假若是标准化考试，这一条可以签订。但这不是数理化，而是英语课，诸如作文和文学赏析之类的东西，常常是见仁见智的，我们都是教书的，知道多一分少一分，往往是一念之差，要孩子做出'成绩必须是A'的承诺，这条契约逻辑不清，也有点儿说不通……"

这一条老师说不过我，就拿掉了。

说实在话，当时我并没有把这份"行为契约"看得很重，我认为它有点儿像是在哄孩子。很多年后，我才意识到这份契约的分量。一旦孩子在这份契约上签了字，就意味着他将需要履行每一项条款。契约精神对孩子的学习起到了潜移默化的正面引导作用。

比如，在儿子和老师的"行为契约"中，老师同意拿掉"成绩必须是A"的条款，后来儿子对我们说，这样一来，他的压力反而更大了！因为各人（包括任课老师、其他老师、学生及家长）主观判断的差异性，可能会导致成绩出现争议，甚至"对簿公堂"。为了避免出现潜在的争议，孩子必须加倍努力，一定要用让人信服的成绩来监督老师的判分。

一般来说，孩子给大人写的保证书，往往只有孩子的承诺，没有老师或家长的承诺。这样，老师或家长与孩子之间就不是平等的契约关系，而是监督和被监督的关系。这种保证更像是下级对上级的保证。孩子因为没有选择的权利，也就少了很多主观能动性。

在美国家庭中，父母跟孩子签订的契约有很多种，常见的有"上网契约""用手机契约""行为契约""目标契约""交友契约""开车契约""养宠物契约",等等。

这些契约严格地遵守签订契约的规则,在签约的内容、形式及签约方的选择上,给予签约双方同等的尊重和自由,特别是在责、权、利上做到明确清晰。在这样的教育氛围里,孩子从小就对契约有敬畏之心,有服从之意。

三、一个画龙没点睛的故事

有一天,两岁多的小甥孙来玩。这是个小 Mr. No(不先生)。妈妈忙前忙后,可孩子就是"不,不,不"!在他们走前,我想抱抱他,但我知道他肯定要说"不",于是,我就反过来说:"舅公不能抱你,你也不能让舅公抱你!"

他翻翻小眼睛,低头……

我得寸进尺:"你一定不能让舅公抱你!"

他忽然仰起头:"这是我说的话,不是你说的话!"

我们全都笑抽了……

可见,他根本不在乎别人说什么,他在乎的只是他说"不"!

心理学研究发现,孩子喜欢说"不"是正常现象。我觉得,如孩子不说"不",反而是值得大人注意的反常现象。

孩子往往会有三个叛逆期。一是 2—3 岁的幼儿叛逆期,二是 6—8 岁的儿童叛逆期,三是 12—18 岁的青春叛逆期。

在这三个叛逆期,孩子特别喜欢说"不"。同时,孩子的内心又有三个互相推动的动力。

一是"干些什么"的欲望。

二是"获得信任"的需要。

三是"做出选择"的渴望。

我读博士时,开始研究孩子的独立性在创造中的作用。当时,自以为颇有心得。

有一天,我们在看电视,我一看表,都 10 点了,我叫儿子去睡觉。

儿子看了看我，没动。我有些不耐烦地催他。他还是没动。我有点儿火了："怎么这么不听话呢！"

孩子理直气壮："为什么叫我去睡觉，你们可以看电视？"

妻子说："你这个年龄的孩子，每天要睡 10 个小时。现在去睡觉，明天 8 点起床，勉强够 10 个小时……"

孩子没说什么，就去睡觉了。

我却想了很多：自己不是要加强孩子的独立性和独立思考能力吗？当孩子不再人云亦云，对权威说"不"时，龙真的来了，我却变成了叶公。

反思妻子的做法：她用孩子内心的后两个动力，解决了儿子说"不"的问题。

一个是"获得信任"的需要。妻子信任孩子，解释孩子需要睡 10 个小时的道理。

一个是"做出选择"的渴望。道理讲了，把选择权留给儿子：是继续顽抗还是去睡觉？孩子选择听道理去睡觉。

故事结束了吗？没有。上面的故事只画龙没点睛！大人常常要孩子写保证书、决心书等，但往往只画龙没点睛，所以龙飞不起来！比如，我们要求孩子 10 点睡觉，而我们通宵达旦地看电视，甚至在孩子去睡觉时，连音量都不调低（更有甚者，兴之所至，音量越开越大）；要求孩子去学习，我们则肆无忌惮地对着电视高谈阔论……

其实，若要龙飞起来，这书那书必须画龙点睛——大人对看电视的行为和时间等，也要做出承诺！由师长和孩子在自由选择的基础上同意并签字的，就是具有"法律效力"（至少是有道义约束）的文件。

给想培养孩子契约精神的老师几点建议。

第一，试着跟学生签一个契约。在这个契约里，老师和学生的权利与责任是同等的，老师要带头遵守契约，执行契约。

第二，给学生讲《忠诚》的故事，关于那个孩子忠于职守的行为，让学生谈谈看法：是欣赏还是嗤之以鼻？为什么？

第三，就《田忌赛马》的故事，跟学生讨论遵守约定、蒙骗欺诈

（甚至包括所谓的"假冒不伪劣"）和谋略机智三者的区别。

试着与孩子签一份可能让孩子终身受益的契约，用契约去放飞并约束孩子的自由，让孩子去描绘一个守法公民或CEO的童话！

（本文刊发于2021年6月18日搜狐教育，收入本书时有改动）

留学的目的是"师夷长技以制夷"吗

疫情后，因为政治、经济、外交、文化等原因，留学的规模极可能有所收缩，但收缩到什么程度，得看各方的留学政策、院校的招生规则、留学生的学习意愿。这里，我主要从教育和文化交流的角度来谈留学的目的。

一、能称自己的师友为"夷"吗

2020年3月，200多个留美学生家长给驻美崔天凯大使写信。在信里，他们把留学目的概括为"师夷长技以制夷"。这值得商榷。

2018年9月《教育部等六部门关于实施基础学科拔尖学生培养计划2.0的意见》出炉，"拔尖计划2.0"是2009年启动的"基础学科拔尖学生培养试验计划"的扩充。过去十年，"拔尖计划"培养了约一万名优秀本科生，至2020年7月，有六千多人毕业，其中32%进入世界前50名学科深造，118人进入世界相关学科排名第一的高校深造，40人已获得世界一流大学教职……

如果希望这些数据继续增长，留学目的就不能偏颇。

"师夷长技以制夷"出自清代新思想倡导者魏源的《海国图志》。有人称他为中国近代"睁眼看世界的第一人"。在满目疮痍、外辱屡屡的历史情境中，他的倡导突显了其魅力和眼光，影响极大。后来洋务运动时，张之洞系统阐述的"中学为体，西学为用"便由此衍化而来。《海国图志》还流传到日本，启发了明治维新，成为日本天皇和大臣的必读书。

鸦片战争失败后，魏源能提出"师夷"，勇气非凡，见地独到！至于"制夷"，是否有其历史局限或无奈，不得而知。但在改革开放已40多年的今天，留学生仍抱此观念，就有些食古不化了。

"夷"字从"大"，从"弓"。作为动词，"夷"意即"讨平""平定""除却""诛灭"等，比如夷为平地、夷三族等。

作为名词，"夷"在上古虽然指"异族"——非中原民族，但基本没贬义；然而，后来的"蛮夷戎狄"，贬义就十分明显了。特别是晚清，虽然鸦片战争惊醒了国人，但"师夷"的洋务运动又惨败于甲午战争……"夷"就是带有既不甘又不屑，甚至怨恨的字眼，以致外国人对它既敏感也反感。

再看"制"字，此字从刀（刂），有"管制""反制""抑制""制止"的意思。

在启程到国外留学前，就让孩子把"师"的对象，当作"制"的对象，把未来的老师和同学看成非我族类的"夷"……带着这种情绪、这种心态来留学，能有什么结果呢？

现在，美国的示威和反示威似乎轰轰烈烈，但参与者充其量不过数十万人，美国有3亿多人口，沉默的才是大多数。

我们认识的美国一般老百姓都很善良，不太关心外交、时事、政治、贸易（顺差或逆差）什么的。当然，也有相当一部分是关心的，他们甚至关心中国人是不是吃狗肉、炖猫汤（2013年就有学生在大学城的推特上发表了攻击中国人吃猫吃狗的言论），留学生是不是占据教育资源而不思学习，华人是不是带新型冠状病毒……疫情会使这些"夷"更"关心国家大事"。"师夷长技以制夷"不是给这些人"递刀子"吗？更何况"制"字还真是从"刀"的。

尽管留学生日常相处的是一般的美国学生和老师，但若他们知道在这些中国孩子的心目中他们是"夷"，而且来此学习的目的是"制"他们，你的"夷"教授们会真心教你去"制"他们吗？你的"夷"同学们会诚心帮你去"制"他们吗？双方何以相处？双方情何以堪！

二、何为"长技"

日本因《海国图志》的启发而强盛起来，晚清尽管有魏源，但却衰败了。原因很多，我们只学"技"而忽略"道"，即原因之一。魏源的"夷之长技有三"（战舰、火器、养兵练兵之法），注重"技"的层面。有人说，虽然刘步蟾和东乡平八郎都留学英国，然而他们的差距，即双方海军的差距（不管北洋水师是否真在炮管上晾衣物）。这个锅有点儿大，因为差距是多方面的，他们真正的差距，是留学的目的、态度、认知等方面的差距。

总之，"师夷"已超过一个半世纪，若留学仍仅学"技"——知识或有形的硬件，而忽略操控"技"的无形软件——"道"，则几近反裘负薪。史有前鉴：甲午战争时，中日海军的装备（舰艇的吨位、航速，火炮的口径、射速等）各有千秋，但为什么中国海军以不对称的惨败告终？重要原因是理念落后，因为战争不仅打"硬件"，更打"软件"。因此，不要以为如今在科学日新月异的信息时代，留学就是学科学知识，而不是用科学三要素去培养科学思维。以为科学知识可以代替科学三要素，就大错特错了！什么是科学三要素？一是科学的目的（去发现各种规律），二是科学的精神（质疑、独立、唯一）；三是科学的方法（逻辑化、定量化、实证化）。虽然有人认为第三要素属于"技"，但别忘了，科学三要素是三位一体的，而且，第三要素是为第一和第二要素服务的手段。没有第一和第二要素的"道"作为导向（去发现科学规律，去质疑科学权威），只专注于第三要素，充其量只能成为高级技术员（这是许多留学生的前车之鉴），无法成为有创造性的科学家。

今天高铁遍地，我们是否想到过第一批留学美国的詹天佑？他读威士哈芬小学时，曾寄宿在校长家，后来考入耶鲁大学。他回国后，成果斐然，当时许多在华外国专家均难以望其项背，原因是他不囿于"技"而重"道"。他曾致函耶鲁：一切荣誉归功母校。这种饮水思源的"制"，才是治学的最高境界。如果留学一转，只学到一些科学知识，而把能引爆人生"核裂变"的科学思维视为无物，岂不是丢西瓜捡芝麻？

那么，何为无形、无质，超出"技"之"道"？略列一二，以抛砖引玉。

1. 舍生取义，舍我其谁

这个故事的"上半场"，在拙文《学校应该是传送带还是冶炼炉》中已讲了，为续"下半场"，简述如下：2014 年，我校有教授匿名在《学生报》上抨击良莠不齐的中国留学生。在一位菲律宾裔同事鼓动下，作为亚洲、亚一美研究学科部主任，我不横刀立马，谁会冲锋陷阵？于是，我牵头给校长写了公开信，获众多教授和学生签名声援，但从名字的拼写来看，中国学生寥寥无几。当事人装睡不醒，让我真有一种"被蘸人血馒头"的感觉……

许多被我们称为"夷"的人之所以伟大，就是因为不去感觉是否"被蘸人血馒头"，不去考虑当事人为什么不站出来（理由可能很多，也可能没有），他们只考虑自己是否应该站出来。

曾经有三个高中生穿上三 K 党恐怖的白色长袍，头戴尖顶头罩，只露两眼，参加本市高中的万圣节聚会。学校处分了他们。三 K 党召唤各地党徒去示威。当地市民号召以"万人空巷"反制。我们锁好门，把大黑狗留在家里，就"逃之夭夭"了。

周边的许多大学生都来抗议三 K 党，结果，双方发生激烈冲突。晚上回家看电视，发现直面三 K 党的、英勇抗争的、受伤的、扔石块被抓的，多为白人学生！看得热血沸腾、泪流满面……

三 K 党源于对黑人的仇恨，关这些白人孩子什么事儿？这些学生只考虑：舍我其谁？！

1988 年，一位家住葛底斯堡（美国南北战争最惨烈的战场）的"富二代"学生，请我去做客。让我吃惊的不是其富豪父亲脚穿工装鞋，回家与我吃个汉堡包，聊两句，又匆匆上工地，而是在林肯演讲地，我的学生靠着一尊大炮，看着山下层层叠叠、密密麻麻的墓地，轻轻感叹：

"多少白人为了黑人永远葬在这里了……"

不时，有几只飞鸟孤零零地盘旋，有一声没一声地嘎嘎……

这就是第一个"长技"，我至今还没学会。

2. 创造性地渔

既然是到国外——中国以外的地方去学习，就必须打破"框内思维""局限思维"（thinking inside the box）。

其实，以"师夷长技以制夷"为留学目的，就是一种局限思维。

任正非有许多观念，比如向自己的对手（美国）学习等，都是叹为观止的"越框思维"（thinking outside the box），非常值得留学生反思。

创造性地渔，可以表现在很多方面。比如，学习知识固然重要，但只有像詹天佑那样突破知识的桎梏去探究问题，才能真正学到"长技"。

学习知识不过是知道答案，探索创新则是提出问题。留学生必须反省"知道答案"和"提出问题"两者微妙而巨大的不同。前者可能很高深，后者可能很浅薄；前者可能很正确，后者可能很荒谬。但是，前者再正确，也是在重复已知的知识；后者再可笑，也是在探索未知的答案。前者是原地踏步，后者是蹒跚前行。

接受教育的程度与学习知识的多少可以成正比，但是，接受教育的程度与探索创新能力的强弱不应该成反比。然而，接受教育越多，问题越少，却是个普遍现象。在美国也一样，接受（流于一般的）教育越多，创造性越低。否则，以受教育程度或知识的摄入量来决定人类的创造性，"以鱼"将大行其道，在地摊上都能买到诺贝尔奖牌了。

《纽约时报》有篇文章《随着年龄增长，我们的创造力哪儿去了》，介绍了《美国国家科学院院刊》的实验论文：参试者有学龄前儿童、小学生、中学生、成年人。他们面前有一台机器，放上适当的积木，机器就会发光。实验结果令人吃惊：年龄越大，越倾向于选择一块积木；年龄越小，越喜欢采用复杂的积木组合。

这种现象关系到人的两种思维和行为：一种是探索型（exploration），还有一种是利用型（exploitation）。遇到新问题，成年人通常利用已知的知识进行思考。然而，钟情于探索型思维的人则会尝试新的、不寻常的想法。

总而言之，越有知识，越想利用现有知识；越没有知识，越没有利用的筹码，从而越想探索——正所谓"穷则思变"。因此，留学生必须清醒地意识到，学习知识固然重要，但比学习知识更重要的是突破知识的桎梏——突破框内思维的困扰，去探究问题，去学习科学思维，去创造性地渔。

3. 批判性思维和独立思考

批判性思维和独立思考是创新的基石，是科学思维的要素，因此，也是必须"师"的重要"长技"。

我攻读博士时，系里的"三剑客"教授以批判美国教育著名。三人均留长发。"第一剑"每年出版两三本书。"第二剑"在办公室挂列宁画像，许多人因此到他办公室一游。"第三剑"是我的导师。在我的一生中，能让我打心眼里服的人很少，导师是其中一个。

他育有一子两女，他的儿子曾干过一件有点儿惊世骇俗的事儿。

美国实行12—13年义务教育，高中是走向另一种生活的转折。因此，毕业典礼非常隆重。

有位女生，入学第一天，就对校长说："对不起，毕业典礼时，我不穿白色礼服，我会穿蓝色的……"（学校的规定是男蓝女白）校长以为她是闹着玩的。建校快半个世纪了，从来没人穿"错"颜色。

临近毕业时，女孩旧话重提。

校长严厉警告："不穿规定的颜色，就不能毕业！"

女孩不乏支持者，包括导师的儿子。按传统，在典礼上发言的叫valedictorian（成绩最高者）。这一年，有九名女生和一名男生成绩不相上下。他们都认为，男女生应有选择着装颜色的自由。

学校慌了手脚，找这些学生去"喝咖啡"。

于是，绝大部分同学认怂了，只剩三个人不认怂：一是"始作俑"的女孩，二是导师的儿子，三是这"九女一男"中的一位女代表。

学校把警讯通报给家长。

导师的儿子已获某著名音乐学院深造中提琴的丰厚奖学金。

导师说:"不急,晚上再好好想想……"

当晚,导师也陷入"长考"……

依据法理,孩子已毕业,参加典礼不过是一个仪式而已。

孩子想了一晚上,还是决定抗争。

由学区居民公选出来的教育理事会是决策者,理事会聘请的专业学区督导等是管理者。

导师给教育理事们打电话。导师的妻子刚卸任民选市长,也给同是"各自握牌很紧,不轻易露底牌"(导师妻子语)的"牌友"——高中校长打电话。

事态因几通电话反而愈演愈烈。

学校宣布:警察将逮捕所有穿"错"颜色的学生!

导师又给每一位教育理事写了一封长信。

我俩合作发表过研究文章。他缜密的思辨、严密的逻辑和犀利的文采,绝对一流!果然,除了一位理事,其余均被长信打动。

但理事会改变学校决定的正常流程很长。

导师做了最坏打算,到警察局询问逮捕细节:在会场上抓还是散会后抓?上不上手铐?逮捕后送去哪儿?能否保释?若能,需多长时间?保释条件是什么?是否留案底(被视为有犯罪前科)?要不要孩子的律师在逮捕现场等待?……

导师平静地告诉孩子:做好被逮捕的准备。

他跟我说这一切时,语气很平静,就像以往他告诉我论文该如何修改一样。

我不敢看这位伟大父亲的眼睛,怕会流泪……

其实,警察也很为难:如果三个孩子老老实实地坐在位子上,仅仅因为礼服的颜色不同,他们就要开着警车,鸣着警笛,全副武装冲进会场抓人,总感觉不对劲……

由于参加毕业典礼的人太多,高中必须借用大学的场地。

美国的所谓"大学城"是依附大学的小镇。

市警对校长说:"我们无法进大学去抓人;再说,我们比大学校警少太多,也打不过他们……"

校警说:"如果孩子破坏大学秩序,我们就抓!但仅仅因为礼服颜色不同,就无'法'抓。"

高中就让市警在大学外布控,孩子们一出来就抓!

市警说:"如果他们出来时已换衣服,请给一个抓人的理由。"

于是,高中打算雇能合法进大学实施逮捕的人去抓孩子……

典礼前夜,女孩的父亲还苦苦规劝:"你看你,多少人为了你,为了……"说着说着,自己反而豁然顿悟:是啊,大家这样做是为了什么?于是,转而支持孩子!

假如"始作俑者"临阵退缩,会是什么局面?导师的妻子每次说到这里就想掉泪,因为他们的行动终于有人理解了!

学校还在紧锣密鼓地筹划抓人。

三个孩子也悲壮地做好了被逮捕的准备。

谁知,教育理事会在最后一刻宣布:女白男蓝的规定仍有效,但今天不打算采取法律行动。

会场欢声雷动!

身穿蓝色礼服的女代表谈了她在牢房和学府之间的颜色选择……这个精彩的演讲不断被掌声和尖叫打断!

尽管事情以喜剧结尾,但离悲剧仅毫厘之差。

作为一个东方人,我总有挥之不去的不解。

第一,本来这只是这个女孩的事儿,男孩已获丰厚奖学金,女代表的前程更灿烂,他们竟然为别人"惹"的一件小事,不惜进班房。

第二,孩子有孩子气,大人竟也如此执着地蹚浑水。

第三,不就是年年如此的颜色吗?若颜色"委屈"了灵魂,那手铐呢?

导师稳重、缜密,甚至考虑到了孩子被捕的各种细节。我的这些"批判性思维"可能很俗,就一直没问……

那么，深意在哪儿呢？

除了课堂上的"言传"，难道他还用"身教"批判美国教育？

还是各自思考吧！（虽有读者说，一百年也想不通……）

不管是学术问题还是非学术问题，批判性思维不是处处作对、事事唱反调，关键是独立思考。只要经过自己的理性思考，即使全盘接受，也是批判性思维。

留学生表达自己的独立思考和批判性思维，不是简单地说"不"，脸红脖子粗地与教授争执不休，而是要有智慧、有理、有利、有节地表达自己的独到之处。这样，等待你的就是 A，甚至 A⁺。

4. 自立自强的奋发精神

在美国，有人靠领救济为生，也有人挺自傲，不屑于领救济，开着破车去打工。收垃圾日，他们开着一辆皮卡，放着震耳音乐，四处转悠，捡些还能用的家具、电器等转手再卖……

美国建国 200 多年，产生过不少富翁，但"富不过三代"的现象不是太多见。我儿子有个高中同学，外祖母去世时，留给他 2600 万美元遗产。一夜之间，他比当律师的父母还富有，成为富甲一方的土豪"富N 代"。

尽管他开豪华大奔，但每周都到一家洗车店去打工。他把车停得老远，不想让人看到开豪车的小子给人洗车，更怕吓到洗车店的小老板。当然，小老板绝对不知道这个打工仔账户的月息足够买下他的洗车店。显然，这孩子不缺钱，他缺的是危机感！他需要的是在打工中认识钱为何物，钱是怎么来的，并在这一过程中，得到自立自强的精神历练。只有认识到钱为何物，具备自立自强的奋发精神，才能真正拥有银行里的2600 万巨资。否则，金山也会随时化为乌有。

许多留学生的简历看起来非常漂亮，但他们就是找不到工作。他们感到很困惑：为什么？

其实，只要仔细看一看他们的履历，就会发现：他们缺少打工经历。

我们那一代留学生几乎没有不打工的，现在许多留学生给人的印象是挥金如土、不尚自立、不屑自强。其实，打工不是钱的问题，它表现的是自立自强的奋发精神，同时又是交美国朋友、接触美国社会、了解美国文化的最好时机。再说，谁愿意把工作给一个不愿打工的人呢？谁又愿意把职位给一个把东家看作需要"制"的人呢？

三、"搏斗或飞离"的下半场

前面谈到公开信，那是上半场：我在与校长们、院长们对谈时，引用了社会学的一个理论，叫作 fight or flight（原指动物的"搏斗或飞离"）。我诚恳地告诫他们：如果留学生在这里学不下去，就会飞走。希望学校也能 fight——通过"斗争"，去改善留学生的学习生态环境……

其实，这也是我想对留学生和家长们说的：fight 不是"制夷"，而是"治学"；flight 不是逃离，而是有胸怀、有情怀地飞得更高、更远……

（本文为 2020 年 7 月 31 日在全球名校长论坛"疫情后的留学教育"主题论坛上的演讲稿，收入本书时有改动）

美国孩子的毛遂自荐，让我"怀疑人生"

最近，开始新书的构思——除了思考一些家庭教育的问题，也分享一些逸闻趣事与朋友玩味。

《纽约时报书评》曾在头版头条隆重推介拙著《混血虎》。当时，出版社（兰登书屋负责销售）像打了鸡血般给我发了一份仅两句话的贺电，但用了九个惊叹号！这事儿还惊动了我们的正、副校长（2005年，我校曾有一位教授在《纽约时报书评》上过一般的书评）！可见《纽约时报书评》在学界和业界的分量有多重。学校有关部门跟我商量，拟请"虎妈"来校跟我"对谈"，理由如下。

第一，我可以用"混血虎"理论跟"虎妈"正面对杠。

第二，"虎妈"刚出了《向上流动：接近成功的三要素》一书，正好与我出的书相差一个月，可以聚焦公众的视点。

第三，剖析多少年来老师、家长为孩子布下的一个陷阱：以读书为目的，以上名校为成功的标志，从而使孩子忘却人生最根本的成功在于实践。

《纽约时报书评》认为，我的"三脚架理论"批驳了"虎妈"的观点，并且解答了一个困惑美国人多年的问题：为什么只占美国人口约5%的亚裔孩子那么优秀？是因为他们身上融合了亚洲（中国）教育和美国教育的精髓。因此，他们才成为虎虎生威的"混血虎"。

教育是四位一体的，包括家庭教育、学校教育、社会教育、自我教育。请看下页第一幅图。

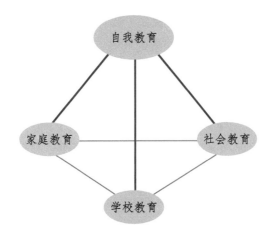

教育的"四位一体"

首先是家庭教育、学校教育和社会教育"三点成一面",再由这三只脚支撑一个"点",类似于照相机的三脚架,故得名"三脚架理论"。

华裔生为什么优秀?只要改一改"三脚架"上的文字,答案便一目了然(如下图所示)。

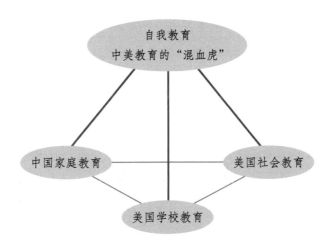

美国的华裔教育的"四位一体"

当三只支撑脚分别变成"中国家庭教育""美国学校教育"和"美国社会教育"时,中美教育的"混血虎"之所以优秀的原因——融合了中国（家庭）教育和美国（学校、社会）教育的精髓，便跃然纸上。

同时我又提出了一个发人深省的问题：虽然美国前 20 名大学里，大约 20% 是亚裔生，但是，为什么美国最牛的 20%，比如大科学家、大教授、大律师、大企业家等，亚裔却非常少？

也就是说，孩子是以上名校为成功的标志，还是以人生的实践为本，抑或是只要能进入美国前 20 名大学录取名单，就能成为美国最牛的 20%？

许多人觉得，我应该抓住这个深层次的问题进行辩论。

我的教育理论自有一套，不怕"虎妈"，但耶鲁法学院毕竟是美国法学院头把交椅，并非浪得虚名。

我寻思儿子作为出庭律师已在法庭上经历过刀光剑影，我们爷儿俩和她有得一拼。极力推波助澜的某主任，甚至建议对方也可以携教育对象（孩子）参加"对谈"……

上面谈的，虽然是同仁们的策划方案，但也恰恰把我推进了自己设置的埋伏圈。因为我犯了一个极不该犯的错误，也是我们的孩子极容易犯的毛病：不敢于、不善于自我肯定，常常要等待别人来肯定自己。

我在《素质教育在美国》里说过一个故事。

儿子 8 岁那年，参加的足球队得了社区冠军。儿子作为前锋，前后九次破门，立下了汗马功劳。接着，他们需要与其他队争夺地区冠军。结果，双方势均力敌，必须点球决胜负。孩子们纷纷在教练面前大呼小叫地争当点球射手。我儿子背着手，没有跟其他孩子"瞎起哄"。我想，儿子的技术全队最好，第一批五个射手，肯定有儿子。结果，儿子并不在五个射手内。最后射点球，儿子的队赢了。

儿子一坐进车里，我就问："为什么你没有踢点球？"儿子看看我："我没要求呗！"

我忽然感到我们在教育儿子时，好像缺失了什么。在晚上的庆功宴上，我和教练有一番对话。

教练问："我不大明白，为什么您儿子今天没要求踢点球？"

我嘿嘿两声："他可能觉得没有必要'瞎起哄'！"

教练皱皱眉头："他本人没有要求，我们也不好选他呀。"

我说："其实，他非常想踢点球。不过，你教练不选他，他不会自己要求上。但只要让他上，他一定会尽力。"

这回轮到教练怀疑人生了……

我又说："中国文化很讲究谦虚和礼让。自己到功劳簿上'刷存在感'，就是不谦虚，是很被人看不起的。"

教练很惊奇："自己不能说自己行，要让别人来说你行？自己不说自己行，表明你自信心不足，不相信自己能干好这件事儿。既然你自己都不认为你能干好这件事儿，又怎么能让别人相信你呢？"

自己到底行还是不行，甚至明明知道自己行，但是自己不说，让别人来说。美国人全蒙圈了！

很多年过去了，教练这番话给我的冲击，我一直难以忘怀——为什么儿子没成为那五个点球射手？儿子失掉的是什么？

其实，更深层的冲击，我一直不敢直面，也不愿说破：不站出来，其实是对"甩锅"患得患失，甚至可能根本没有"背锅"的勇气！

要成为"执牛耳"的20%，又岂能不勇于"背锅"呢？

在中国，人们常感慨："千里马常有，而伯乐不常有。"其实，这正是我们家庭教育的缺陷。我们常说"是骡子是马，牵出来遛遛"。可惜，是要等别人"牵"自己出来，而不是自己站出来走两步。

美国一些学术团体或大学，定期在各所中学之间组织数学以及其他学科的对抗赛。我儿子上高中九年级（即国内的初三）时，被选入学校数学代表队，参加这种对抗赛。在中国人眼里，这种对抗赛很奇葩：如果老师没选你进学校代表队，你也可以自行参赛。儿子的好朋友麦德，并没有被老师选中，他是自己参赛的。也就是说，自己把自己"牵"出来遛遛，自己站出来走两步……

我儿子写的《我在美国读初中》，对这种对抗赛，有较生动的描述。

第一阶段的考试对我们来说，真是个快乐的时光。谁也没有"争最高分"的压力，麦德（作者注：就是那个"自己站出来走两步"的家伙）、我，还有那两个高二的家伙，一起嘻嘻哈哈地做题，既轻松，又愉快。

　　我并不是说，我们只是在那里打打闹闹，不干正事。我们都有自己的活儿要干，只不过我们没有那种大难临头的模样。大家边干边打趣，既有分工，又有合作。愉快的笑声一直伴着我们。

　　说实话，与其坐在教室里一课接着一课地上那种无聊的课，不如到大学的校园参加这种考试。

　　…………

　　大家很快都完成了自己的部分。但最后一道题难住了所有人。这是一道让人望而生畏的代数题，里面夹杂着对数、分数、根数。

　　第一步，我们必须简化它。然后，我们五人开始确定应该怎样解它。在运用了一大堆法则、规律、理论后，终于发现了它的奥秘。但是，就在我们开始写解题过程时，考试马上要结束了，倒计时已经开始。

　　我们选了个写字最快的"秘书"负责写答案，其余四人一起对着他喊："快！快！快写呀……"

　　时间一秒一秒地消失，巨大的压力让"秘书"紧张万分，他不停地写错，又写错……

　　时间到了，"秘书"还是没能写完这道题。我和麦德望着桌上的一堆草稿，你望望我，我望望你，忽然一个主意同时跳进我俩的脑子。我迅速地抓起所有的草稿纸，麦德变戏法似地拿出一卷透明胶带："快！把草稿纸同试卷粘在一起！"

　　我很快就把那些写有演算过程的草稿连同答卷粘在一起，上交了厚厚一沓材料。我想，反正答案我们已经得出来了，证明过程也有了，草稿纸就是证明。改卷的人若愿意承认我们的努力，说不定会给我们算分。

　　…………

　　上午阶段的考试结束了。大家很累，又都很高兴。我和麦德互相开着玩笑，在辛辛那提大学的校园里不时追追打打，还到处"到此一游"，也顺带去找一队（作者注：我儿子参加的是第二队）的同学和沃兹先生。

…………

午饭是在校园附近的一家希腊餐馆吃的，他们那里的羊肉卷饼很有名气。同一伙朋友一起逛大学校园，一起在饭店吃饭。这种感觉真爽。

我们连比带划，向沃兹先生讲考场趣事，很得意地说起我们交草稿的经过。

沃兹先生边听边摇头，大笑着指着我和麦德说："我就知道，把你们两个家伙放在一个队就是个错误。"

（作者注：后来，该高中第二队得了73分，是这次考试中取得超级优秀等级的两个队中的一个）

看吧，更奇葩的是，麦德不但不请自来地参加了代表队的所有对抗赛，而且常年在代表队蹭吃蹭喝，也没人觉得他这样不妥，大家倒觉得麦德挺"爷们儿"！

其实，自由参赛的方式有几大好处，一是学生可以充分自我肯定；二是老师及其他人会为你的自我肯定提供机会——你可以在活动中通过自己的努力来证实自我肯定；三是即使个人的"毛遂自荐"是失败的，个人和社会也会为这种"舍我其谁"的自信和勇气喝彩。归根结底，孩子没有自信，就不敢创新。因此，我们必须营造一个利于个人和社会的创新根基——敢于和善于自我肯定的自信氛围！

这种做法在国内许多学校是难以想象的。老师没选你参加代表队，说明你没有得到他人肯定。没获得他人认可，只有自我肯定，几乎无异于"有病"。在这种氛围中，有多少孩子敢于自我发现，勇于自我肯定呢？我们的孩子难以自己把"点球"放到"罚球点"上，我们的大人既没有提供这种良性的"罚点球"的环境，更不具备这种宽厚的心胸。

其实，自我肯定，哪怕是百分之百的实事求是，在很多人眼里，也无异于"有病"。

接着谈前面的趣事和话题：我寻思儿子作为出庭律师已在法庭上见过

"真枪实弹"，我们爷儿俩与对方有得一拼。

谁知道，当年的"点球"根本一直没放在"罚球点"上：儿子认为自己还未成为世界顶级律所的合伙人，尚未具备罚"点球"的资格……其实，儿子拥有正面跟顶尖法学院教授唇枪舌剑的实力和经历，他需要的不过是自己出来罚"点球"的自信和勇气！

其实，这正是我们家庭教育的缺陷。哪怕是匹千里马，也要等某个伯乐"牵"自己"出来走两步"。

看来，从被世界名校录取的 20% 到美国各界执牛耳的 20%，我们的家庭教育还有很长的路要走——路曼曼其修远兮……

（本文刊发于 2021 年 3 月 8 日微信公众号中国教育三十人论坛，收入本书时有改动）

"神童教育"的"神"在哪里

一、美国也搞"神童教育"吗

天赋教育（俗称"神童教育"），美国叫 Gifted Education 或 Gifted and Talent Education（天赋与才能教育）。

美国 50 个州都"明火执仗"地立法为 2% 到 5% 的孩子搞天赋教育，各个学区几乎每所学校都乐此不疲。

美国实行 12—13 年义务教育制度，因此，学龄前，天赋教育的法规鞭长莫及。当然，美国人也不屑于在学龄前搞天赋教育。他们认为，学龄前的孩子最重要的是学会与同龄人交往，为社会化和身心健康铺下坚实的基石。当然，如果家长自己搞"早慧教育"，只要不"虐童"，恐怕也是无"法"干涉的。

其实，美国也有人剑走偏锋。据说，有个叫罗伯特·克拉克·格雷厄姆的富翁，曾企图用诺贝尔奖得主的精子制造"神童"。可惜，200 个培养品中，只有一个"神童"。不然，在美国上趟厕所都能碰到几个"神童"。

美国的天赋教育是逐步成熟的。早期，天赋教育基本不被重视，主要是受制于"人人生而平等"的宪法精神。

1957 年 10 月 4 日，苏联的人造卫星上天，美国朝野一片恐慌，引发了对教育的大反思、大争论。反思、争论的最大成果之一，就是把天赋教育推向了高峰。

下页图中的曲线凸显了一个有趣的现象：国家的危急与人们对天赋教育的支持成正比。苏联的人造卫星使得美国人想把"登天"的希望"植入"天才们的稚嫩脑瓜中。

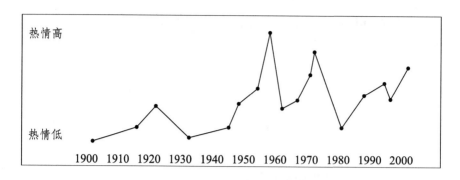

20世纪美国人对天赋教育的热情和支持度

注：此图源自《天赋孩子的成长》（*Growing Up Gifted: Developing the Potential of Children at School and at Home*）一书。

在美国，关于天赋教育的争论，从来就没停止过。

美国第三任总统、《独立宣言》起草者托马斯·杰斐逊说："世事变得如此不平等是因为用平等的方式对待不平等的人。"

我们总是说，教育的起点是人，归宿也是人。但人是否生而平等，一直困惑着人类本身。

曾读到一则令人啼笑皆非的新闻：美国一个长相丑陋的女孩把父母告上法庭，因为父母的基因，她从小就被欺负。

智力有缺陷的孩子不能发挥潜能，是个人的悲剧。而"天赋孩子"不能发挥潜能，既是个人的悲剧，也是社会的悲剧。因为天赋孩子发挥潜能，整个社会乃至全人类都会受益。君不见，瓦特改良的蒸汽机推动了经济发展，爱迪生发明的电灯照亮了世界，莱特兄弟发明的飞机给人类插上了翅膀……

同时，我还认为，如果帮助智力有缺陷的孩子是人道的，那么，压抑天赋孩子也就是不人道的。

总之，不能做到人尽其才，就是对人类资源的浪费，就是埋没人才，也是对强者的不人道、对社会的不负责。

《现代汉语词典》这样定义天才：①天赋的才能；超出一般人的聪明智慧。②指有天才的人。

用"天才"来解释"天才"似有概念循环之嫌，但值得注意的是，当我们把才能和人分开时，天赋教育和天才教育就有了微妙但又本质的区别：天赋教育主要是针对孩子的特长实施的教学行为；而天才教育则是针对有"天才"的整个人实施的教学行为。

这是天赋教育与天才教育的差异。后者把当年对宁铂、干政等的教育演变为"造神教育"。

美国天赋教育是多样化的，漫说教学模式，光是组织形式就五花八门：有把不同年龄的天赋孩子混合编班的，有按特长或科目编班的，有仅学社会研究课的，有直接让孩子跳级的，也有每周只集中两三次的……总之，名目繁多，目不暇接。

我儿子从小学到初中，经历过两个学区数所学校不同的天赋教育体系；高中读私立学校，又是另一套天赋教育体系。

第一个体系简称 ETC（Extended Total Curriculum），意思是"超越所有课程"。

后来，我们搬到新学区，其体系叫 SCOPE，即 kaleidoscope（万花筒）的后缀。其实，SCOPE 本身也有两个意思：一是发挥能力的余地或领域，二是探察的工具。无论是万花筒还是 SCOPE 本身，都独具匠心，耐人寻味。

万花筒更切合美国中小学天赋教育的理念和特色：八仙过海，新奇绚丽，思想交锋，海阔天空，通古达今……该模式考虑到了天赋班孩子的特长、需求和弱点，从而扬长补短。

第一，天赋班孩子的超常，既是长处，也是致命弱点。就像某个大力神，站在大地上力拔山河，但只要脚跟离地，就手无缚鸡之力。

天赋班孩子的致命弱点，是自以为"一览众山小""众人皆醉我独醒"，因而难以在同龄人中完成社会化。天赋教育的"绝招"就是不让他们"高处不胜寒"地孤芳自赏，不让他们脱离"群众"，脱离现实。

阿基米德说："给我一个支点，我就能撬动整个地球。"

当我们把现实社会看作大力神的大地时，就为天赋班孩子找到了撬动地球的支点。

然而，天赋班孩子又有特殊的需求。他们在一般课堂上曲高和寡，得不到呼应。当一群异想天开的孩子聚集到天赋班时，既有思想撞击的火花，又因为有"英雄所见略同"的呼应而有"安全感"。

SCOPE 天赋教育的亨利克老师给我写信：

> 您问的第一个问题，其实是个哲学命题。对我来说，天赋教育就是为有天赋的孩子提供他们所需要的关爱。这些孩子需要一个让他们感觉安全的地方，去避免他们肤浅的怀疑和发问被人讥笑。他们需要一个不糟蹋他们的兴趣和能力的老师……

很多时候，这些天赋班孩子的异想天开，不仅不被一般同学接受，而且一些平庸的老师也会对他们冷嘲热讽。我儿子在《我在美国读初中》里，描述了科学课老师把天赋班的孩子打入另册，并加以严厉惩罚的案例。

第二，SCOPE 天赋教育极力避开已知的、现存的、有标准答案的领域，去开辟未知的、待探索的、有争论的课题。

在一节历史课上，亨利克先生曾震撼发问：孩子到底是应该用智慧来重复他人，还是应该用智慧来创造自己？

亨利克先生给孩子们讲美国的一桩历史悬案：美国独立战争前，人们用各种形式反抗英国殖民统治。有一天，人们包围了政府大楼，一群英国士兵端着枪，守卫大楼。愤怒的人们向英国士兵扔石头……忽然，传来一声"开火"的命令，士兵开枪，造成许多人伤亡。顿时民怨四起。迫于压力，殖民政府不得不把英军指挥官推上审判台。然而，据史料记载，该军官否认曾下令开枪。

"女士们，先生们，历史已翻篇，但我们不能翻篇，我们应该重新审理此案，寻找真相。"

全班学生进入历史角色：证人、被告、检控官、法官、陪审员等。

我儿子很荣幸地当上辩护律师。

为这场历史的审判，孩子们研究了很多历史书籍和资料。

数周后，历史的审判庭被搬到了教室。

第一个证人被传上法庭。他说："亲耳听见有人发出'开火'的命令！"

律师："那个'开火'的命令有口音吗？"

证人："有！"

律师："是英格兰口音，还是美国口音？"

证人："当然是英格兰口音！"

律师转身问英军指挥官："您是哪里人？说话带什么口音？"

被告用浓重的爱尔兰口音答道："我是爱尔兰人，说话带爱尔兰口音。"

律师半侧身，看着陪审团，问被告："您能对上帝起誓，您说爱尔兰英语，带爱尔兰口音吗？"

被告："我愿对上帝起誓：我是爱尔兰人，说的是爱尔兰英语……"

原来，孩子们在查阅历史资料时，发现英军指挥官是爱尔兰人，故意设了个陷阱。为了取得更好的"笑"果，还让扮演英军指挥官的同学回家学了几句带爱尔兰口音的英语。

被告律师赢了一局。

又一个证人被传上法庭，他说亲眼看见这个军官挥动军刀下令开枪。

律师："您能描述一下当时英国士兵的队形吗？"

证人："呈半圆形，保卫政府大楼。"

律师："请告诉我，当时这个军官站在什么位置？"

证人："他站在士兵的后面。"

律师点点头："嗯……"又半侧身，看着陪审团，继续追问证人："既然他站在士兵的后面，他挥动军刀下令开枪，士兵怎么能看见呢？"

证人耸耸肩，尴尬地答不上话……

三个陪审员开始交头接耳，历史悬案似乎要翻过来了。这时，亨利克老师把陪审团叫出去……陪审团回来后，再次宣判英军指挥官有罪。

后来，我问儿子："亨利克先生叫陪审团出去，都嘀咕了些什么？"

儿子说："谁知道，那也是一桩历史悬案啊……"

当然，儿子没有"败诉"。老师为孩子精彩的辩护打了个 A+！

查阅资料、当庭辩论、陪审表决、法官宣判……孩子们结结实实地把历史悬案重新翻腾了个遍。

当然，这些"未知的、待探索的、有争论的课题"也可能需要孩子一生"上下求索"，甚至最终仍然无果……

但 SCOPE 的设计者清醒地坚信：当所有的孩子都去面对"未知的、待探索的、有争论的课题"时，还有什么能永无答案呢？

为什么美国的诺贝尔科学奖获奖人数遥遥领先于其他国家？恐怕与此不无关系！

第三，如果有些孩子在某些科目上异常超前，学区也不压制强者，而是让他们跳级学习，但不是全面跳级。比如，我们所在的学区，每天清早派校车把整个学区的 11 个跳级的初中生送到高中去上一节数学，然后又送回初中上常规课程，避免在"大同学"和"小同学"之间造成长时间的生理和心理的差异。

美国天赋班的孩子并不一定都会成功，但美国一流大学的优秀学生几乎都来自各地的天赋班。正是这些一流大学，为强大科技源源不断地提供精英。

二、美国的"神童"长啥样

美国有没有神童？

任何国家、任何民族都有神童。但有些人不知从哪儿来的印象，以为美国孩子连简单的算术都算不利索，美国应该没什么神童。

据《聪明的男孩们》（*Smart Boys*）一书统计：美国约有 900 万人被认为具有天赋，智商高过 145 的不到 100 万人，高于 160 的约为 7100 人，高于 180 的不到 120 人。虽然我不太相信这个统计，认为数据偏低，但不管怎么说，美国聪明的孩子数不胜数。

正所谓"没有规矩，不成方圆"。无论哪种文化的天赋教育，对神童或有天赋的孩子，都应该有相关的法律和规章制度。

如果说 20 世纪 50 年代苏联卫星上天，使得美国人对天赋教育的支持达到历史的顶峰，那么，美国人开始理性地思考和认识"天赋"，应该说源于 20 世纪 70 年代的三个极具影响力的报告。

其中一个是马兰特（Marland，美国教育部的前身——教育办公室署长）于 1972 年给国会的报告《天赋教育》，提出要为 3% 到 5% 的孩子提供特殊的天赋教育，否则，这些天赋极高的孩子将被一般的教育折磨得痛苦不堪。于是，天赋教育作为法律立项，联邦政府拨款支持该计划。

美国这个国家，许多小事都有相关法律条文，就更不用说全国大张旗鼓搞的天赋教育了。既然要办天赋教育，就必须名正言顺。何为天赋？依据是什么？谁能享受天赋教育？这些都必须有具有法律效力的定义和规定。于是，《公共法》中有了关于天赋儿童的著名的"马兰特定义"（Marland Definition）。

具有天赋及才能的儿童，指的是那些经合格的专业人士识别的具有突出能力和杰出表现的孩子。这些孩子需要不同于一般的教育计划，即给他们提供超出一般常规教学的服务，以便于他们自我实现及对社会做出贡献。孩子杰出的能力包括已获得的成功，或者以下任何一方面或多方面的潜在能力。

1. 总体的智力

2. 具体的学术才能

3. 创或造的思维（作者注：英文把"创"和"造"分开，非常值得注意）

4. 领导能力

5. 视觉艺术（作者注：泛指美术）和表演艺术

6. 心理（运动）能力

"马兰特定义"强调孩子的"潜在能力"，这就为那些智商测试或统考尚未达标者——隐性的、特殊的、有不同背景的天赋孩子开了绿灯。

后来，国会在审定这个定义时，数度做出修改。例如，1988 年缩短了定义，称为"佳维茨定义"（The Jacob Javits Gifted and Talented Students

Education Act），其中，"天赋儿童"指这些孩子：

1.有证据显示他们表现出以下这些优异的能力：智力的、创造的、艺术的、领导的能力，或具体的学术领域里的才能。

2.他们需要超出学校一般课程的服务以求进一步发展上述能力。

佳维茨（Javits）先生是个慈善家，他捐巨款建立天赋教育办公室，研究全美天赋儿童的教育问题。1988 年的修改，特别强调，要重视那些由于经济、社会、家庭背景（包括英语为非母语的障碍）、残疾等各种因素的影响而没有通过传统测试的天赋孩子。

除了联邦法，各州还有自己五花八门的法律。"马兰特定义"是联邦法层面关于天赋的定义，1990 年，多数州原封不动地照搬或采纳了稍经修改的联邦版本的定义。2000 年，有 29 个州修改了天赋的定义。如佛罗里达、密歇根、北卡罗来纳 3 个州使用自己的定义。有 2 个州稍做改动，其中内华达州改了"具体的学术科目"这一项，北达科他州改的是"获得成就"这一条。佐治亚州和密苏里州加上了"创造性的艺术才能"，罗得岛州加上了"工业艺术"，明尼苏达、马萨诸塞、新罕布什尔、新泽西、南达科他等 5 个州干脆就没有自己的"天赋"定义。

根据史蒂文斯（Stevens）和卡恩斯（Karnes）的统计，"天赋"的具体范围，各州也不太一致。

"天赋"的具体范围

具体范围	承认的州（个）
高智商	39
成绩和表现突出	33
具体的学术能力	33
极高的潜能	25
创造性	20

具体范围	承认的州（个）
视觉和表演艺术	19
领导能力	18
超前的学习能力	6
心理（运动）能力	3
卓越的成果	2
实践的能力	1
动力或责任感	1
批判性思维	1
职业技能	0

上述选项，有很多非常好，但难以操作，因此未获大多数州承认。比如，"创造性"是美国人钟爱的选项，为什么只有 20 个州选择？问题在于你怎么界定 A 的创造性比 B 高。虽然美国也有测试创造性的考试，但我深不以为然。有答案的创造性、能够量化的创造性，能算创造性吗？"批判性思维"也是美国人钟爱的选项，为什么仅有 1 个州接纳？谁的批判性思维更强，强多少，怎么衡量，这些都是问题。所以，越难以操作的选项，接受的州越少；越容易量化的，承认的州越多。

"马兰特定义"也好，"佳维茨定义"也罢，终归是纸上谈兵。把定义化作可操作的条目，必须有切实可行的具体标准。

丹佛天赋开发中心的斯尔弗耳曼（Silverman）博士概括了天赋儿童的特征。

善于推理思考

学习敏捷

词汇量丰富

记忆力强

对感兴趣的东西，能长时间集中注意力

敏感（感情容易被伤害）

富有同情心

追求完美

有激情

有道德感

有强烈的好奇心

对自己的兴趣百折不挠

精力充沛

更愿与比自己大的孩子甚至成人交往

兴趣广泛

富有幽默感

幼年就喜欢读书（在未具备阅读能力时，很喜欢听别人读）

富有正义感

具有与年龄相符的判断能力

观察敏锐

有活跃、丰富的想象力

极具创造性

有质疑权威的倾向

对数字有轻车熟路的驾驭能力

善于玩拼图游戏

美国超常儿童理事会也描述了早慧儿童的一些迹象。

有好奇心

语言能力发育早

很小的时候就对别人的关照有反应（如对人微笑等）

喜欢学习，学习速度快

有卓越的幽默感

有超群的记忆力

活动能力强

对声音、疼痛、挫折等反应敏锐

婴儿期不需太多睡眠

能长时间集中注意力

敏感并有同情心

追求完美

在婴儿期就具有不寻常的警觉性

有丰富的想象力

俄亥俄州的 AGATE（Advocates for Gifted and Talented Education）是一个非营利性的民间天赋教育研究机构。该机构的宣传资料中，有对天赋儿童的精彩描述。

具有天赋的孩子往往不容易被发现。他们常常不是课堂上最聪明、最听话的孩子。有时，他们会坐在教室的最后一排，取笑老师，哗众取宠；有时，他们又会坐在教室的角落里闷不吭声。

与具有一般智商的孩子一样，天赋儿童也有千变万化的个性和爱好。但在一定的范围内，他们可能表现出自己的特点：

能很快地解决难题

做事有计划，有条理

有非凡的记忆力

喜欢跟成年人或年纪比自己大的孩子交朋友

喜欢质疑权威

喜欢开轻松的玩笑

经常"白日做梦"

想些与众不同的东西

容易发现事物内在的联系

看得到事物之间的关系

具有幽默感

看起来要比同龄人早熟

投入比别人少的努力，能得到比别人多的成功

智商在 130 以上

有不同一般的好奇心

…………

这三个描述，各有特点。但我对第一个和第二个描述有不同看法。比如，第一个描述提到"有道德感""富有正义感"等，第二个描述提到"有同情心"等。我觉得，这些都属于情商和道德的范畴，不属于智商范畴。所谓正义，是以在一定的社会文化中形成的道德标准对一定的行为做出的判断。例如，"杀富济贫"在"水泊梁山"的文化中是正义的，在今天就不适当了。所谓正义是后天形成的被道德标准驱使的行为判断，与高智商没有直接的、必然的联系。爱杀富济贫的李逵智商高吗？至于"有同情心"也难成立，神童往往自以为是，甚至有意无意地以自我为中心而缺乏对弱者的同情。有同情心与高智商没有直接的、必然的关系。

另外，"更愿与比自己大的孩子甚至成人交往"这一条需要说明。中国的独生子女与同龄人玩耍的机会不多，放学后又被"关"到高层建筑里，父母和祖父母整天围着他们打转。由于缺乏在同龄人中摸爬滚打的社会化历练，他们往往可能更愿意与百依百顺、一呼百应的父母和祖父母打交道，反而不太愿意去给同龄人"欺负"。这与神童更愿与成人交往有本质区别。

再者，三个描述都提到了"幽默感"。但我们的教育不重视这一条，甚至自觉或不自觉地排斥孩子的幽默感。美国人在选总统时，特别青睐有幽默感的候选人。小布什看似傻乎乎的，在记者招待会上被人扔鞋袭击，他歪头看看飞来的鞋子："10 码鞋！"这让许多美国人觉得他大度、幽默。那些让人觉得"政客"有余，"凡人"不足的，会失掉许多印象分。既然幽默感是一种天赋，排斥幽默感，就是抑制孩子的聪明才智。

尽管这些描述很具体，但要落实到具体的人身上，并不那么容易。做家长的，哪个不希望自己的孩子是天才？

看到这里，可能一些读者已经一条一条地对邻居、朋友、亲戚和自己的孩子对号入座了。那么，美国学校到底是根据什么标准和程序，为天赋班挑选学生的呢？

三、美国竟然这样选"神童"

美国仅面向 2% 到 5% 的孩子开放的天赋教育，非常值得教育者深思。其实，更发人深省的是，美国人怎么选神童。

一般来说，最主要的指标是全美或各州统考成绩 98% 以上或智商 130 以上。

为什么是 98% 而不是 98 分？这是为了避免因各次考题难易不一出现分数的不可参照性。比如，某次考题太容易，获 98 分以上者众；而某次考题太难，获 85 分以上者甚少。于是，98 分和 85 分的不可参照性将困扰筛选工作。而按百分比给学生"排座次"，无论考题难易，座次都相对稳定，利于筛选。

历年统考成绩 98% 以上，就把天赋教育的规模限制在学生总数的 2% — 5%。

学校一般不强求智商，以免造成智商崇拜，忽略后天努力。有人可能会问：要求历年统考成绩 98% 以上，和要求智商 130 以上，有区别吗？一般来说，前者（特别是强调"历年"）能体现一定的后天努力，而后者往往是即时表现。

筛选神童，既要服众，又要讲科学。这里，有几条原则。

第一，用多种衡量手段（不能只讲成绩和智商）去寻找不同才能、不同年龄的孩子。

第二，摒弃偏见去寻找具有各种背景的人才。

第三，用变化的眼光去看待孩子在成熟过程中兴趣的变化和发展。

天赋孩子不搞"终身制"。表现得晚的，可随时识别；跟不上趟的，"适者生存"，自然淘汰。

儿子有两个印度裔同学，一个从小学就坚持不懈地参加智商测试，到初二才进天赋班；另一个则是到了初二（他就读的初中是两年制），马上要毕业了，跟不上队伍，离开了天赋班。

第四，从发展的角度去发现孩子尚未显露的潜能。

这一条强调的是潜能，而不是目前看得见的表现。

第五，除了先天的智力外，还重视内驱力这个驱使孩子不断努力的要素（因为智商高并不等于内驱力强）。

虽然列了这几条原则，但往往解决不了具体问题，因此，要求家长和老师填推荐表，帮助"识别委员会"更深入地了解孩子。

这些推荐表，反映了美国天赋教育的选材方式、选材标准、人才特点和培养目标。选一些有意思的，以飨读者。

第一个奇葩，家长推荐自家孩子——"内举不避亲"。

家长推荐表

学生_____ 年龄_____

家长_____ 学校_____ 年级_____

住址_____

说明：对比邻里的孩子，5 表示最好，1 表示最差

1. 能用丰富的词汇表达自己的思想	5	4	3	2	1
2. 思维敏捷	5	4	3	2	1
3. 记忆力强	5	4	3	2	1
4. 总是想知道事情的来龙去脉	5	4	3	2	1
5. 上幼儿园之前，已能阅读	5	4	3	2	1
6. 能用新的或不同的方式去组合无关联的想法	5	4	3	2	1
7. 容易感到乏味或无聊	5	4	3	2	1
8. 凡事爱刨根问底	5	4	3	2	1
9. 喜欢与年纪比自己大的人在一起	5	4	3	2	1
10. 好奇心强	5	4	3	2	1
11. 喜欢冒险	5	4	3	2	1
12. 富有幽默感	5	4	3	2	1
13. 感情冲动，不顾后果	5	4	3	2	1
14. 一有机会就想领导、控制别人	5	4	3	2	1
15. 有坚持不懈的精神	5	4	3	2	1

16. 身体的协调性好	5 4 3 2 1	
17. 独立性强	5 4 3 2 1	
18. 对周围的事物很敏感	5 4 3 2 1	
19. 能长时间集中注意力	5 4 3 2 1	
20. 自理能力强	5 4 3 2 1	

注: 此表由北卡罗来纳州超常儿童中心天赋教育部设计，源自《天赋教育》一书。

20 个项目中，"身体的协调性好""独立性强"等，与成绩无直接关系，需要家长去量化。

据说，美国家长一般还是比较实事求是的。若无中生有，添油加醋，在学校和老师眼里，该家长的信用就会大大贬值。

同龄人的推荐表非常有意思。

同龄人推荐表

　　想一想班里的同学，每个人都不同于他人。请细读下面每一项，并填上班里你认为最适合该项的同学的名字。可填不止一个人的名字，也可填自己的名字。

1. 如果你要组织一个小组去做课题研究，你会选谁去领导这个小组？

语言＿＿＿＿＿＿＿＿＿＿＿　　　数学＿＿＿＿＿＿＿＿＿＿＿

科学＿＿＿＿＿＿＿＿＿＿＿　　　社会研究＿＿＿＿＿＿＿＿＿

艺术＿＿＿＿＿＿＿＿＿＿＿　　　其他＿＿＿＿＿＿＿＿＿＿＿

2. 如果家庭作业需要别人帮助，你会请求班里哪位同学？

3. 如果你们班在没有老师的情况下外出旅行，谁能把同学们安全带回来？

4. 你最喜欢听谁讲故事？

5. 班里谁最能鼓动人心？

6. 在校内和校外，谁最有主意玩游戏或搞活动？

7. 谁最能解决难题？

8. 你最愿意跟谁讲述你的故事？

9. 谁阅读最好？

10. 谁写作最好？

11. 谁最喜欢尝试新的东西？

12. 谁最善于判断？

13. 谁最善于交朋友？

14. 谁最有想象力？

15. 谁的兴趣最广泛？

名字＿＿＿＿＿＿＿　　学校＿＿＿＿＿＿＿　　日期＿＿＿＿＿＿＿

注：此表由艾森伯格（Eisenberg）、爱泼斯坦（Epstein）设计，源自《天赋教育》一书。

这份同龄人推荐表含金量很高。15 个项目大多与成绩无关，但与孩子将来的发展关系极大！

下面是老师用的优秀学生行为特点评分表。

优秀学生行为特点评分表

学生＿＿＿＿＿＿＿　　日期＿＿＿＿＿＿＿

学校＿＿＿＿＿＿＿　　年级＿＿＿＿＿＿＿　　年龄＿＿＿＿＿＿＿

老师＿＿＿＿＿＿＿　　认识该学生有多长时间＿＿＿＿＿＿＿

说明：此表是为老师评估学生的学习、进取心、创造性和领导能力四方面的特征设计的。这些点数可能会显示人的巨大差距。每一项都应分开考虑，以便反映你对该学生的某个特点的观察和评估。不同项目的点数不应相加。"1"表示极少或从未发现，"2"表示偶尔发现，"3"表示经常发现，"4"表示几乎总是发现。

学习＿＿＿＿＿＿＿＿＿＿＿＿＿＿＿＿＿＿＿＿＿＿＿＿＿＿＿＿＿

进取心＿＿＿＿＿＿＿＿＿＿＿＿＿＿＿＿＿＿＿＿＿＿＿＿＿＿＿＿

创造性＿＿＿＿＿＿＿＿＿＿＿＿＿＿＿＿＿＿＿＿＿＿＿＿＿＿＿＿

领导能力＿＿＿＿＿＿＿＿＿＿＿＿＿＿＿＿＿＿＿＿＿＿＿＿＿＿

第一，学习

1. 与同年级的同学相比，词汇丰富，表达生动、准确、流畅　　1　2　3　4

2. 脑子里有超越同龄人兴趣范围的巨大信息库　　1　2　3　4

3. 能迅速地掌握实际的信息　　1　2　3　4

4. 能敏捷地洞察因果关系，去探索事情的来龙去脉　　1 2 3 4

5. 能极快地抓住事物的本质，并概括出事物间的异同　　1 2 3 4

6. 观察敏锐，能看到别人看不到的东西　　1 2 3 4

7. 爱读大人的书和深奥的资料，如传记、百科全书、地图集等　　1 2 3 4

8. 总是试图理解复杂的事物，运用推理寻找具有逻辑性的答案　　1 2 3 4

每列的总点数				
总点数				

第二，进取心

1. 锲而不舍地追求圆满结果　　1 2 3 4

2. 对按部就班，极易感觉无聊乏味　　1 2 3 4

3. 做事太投入，有时必须人为地拖他的后腿，不让他过于投入　　1 2 3 4

4. 追求完美，总是感到不满足　　1 2 3 4

5. 宁愿独立工作，只需老师点到为止　　1 2 3 4

6. 对大人的议题，如宗教、政治、种族等，比同龄人更感兴趣　　1 2 3 4

7. 对自己坚持的东西，固执己见，一意孤行　　1 2 3 4

8. 喜欢发号施令　　1 2 3 4

9. 相当关注事情的是非曲直　　1 2 3 4

每列的总点数				
总点数				

第三，创造性

1. 对任何事情都表现出强烈的好奇心　　1 2 3 4

2. 常常将难题归纳出许多解决办法　　1 2 3 4

3. 能坦然地表达自己的观点，有时有些极端和固执　　1 2 3 4

4. 喜欢冒险，甚至是赌博式的冒险　　1 2 3 4

5. 关注事情或事物的变化、改进、改善　　1 2 3 4

6. 极富幽默感，能在别人看不出幽默时看出幽默来　　1 2 3 4

7. 冲动，敏感，感情丰富　　1 2 3 4

8. 具有审美的敏感　　1 2 3 4

9. 不循规蹈矩，不介意混乱，对细节不感兴趣，喜欢与人不同　　1 2 3 4

10. 不盲从权威，喜欢用批判性思维去思考权威　　1 2 3 4

每列的总点数				
总点数				

第四，领导能力

1. 有责任感，总是能兑现自己的诺言　　1 2 3 4

2. 无论在孩子还是大人面前，都表现出强烈的自信	1 2 3 4
3. 在同龄人中有威信	1 2 3 4
4. 善于与人（包括老师和同学）相处	1 2 3 4
5. 有口才，善于表达自己的想法	1 2 3 4
6. 勇于面对新的变化，不被变化困扰	1 2 3 4
7. 喜欢出头露面，喜欢成为他人的中心	1 2 3 4
8. 有号召力，爱当主角，喜欢发号令	1 2 3 4
9. 积极参与跟学校有关的社会活动	1 2 3 4
10. 体育运动出色，乐于组织各种竞赛	1 2 3 4

每列的总点数				
总点数				

注：此表源自《天赋教育》一书，稍有些乱，有些地方不能自圆其说。比如，圆通善变是一种领导能力，能够力排众议、坚持己见也是一种领导能力；与老师配合的班干部有领导能力，非班干部"天然领袖"也有领导能力。在翻译时，有些地方删繁就简。每一项的下面，都有一个独立的小表格，需要填上每列的总点数、这一项的总点数。

这些推荐表在一定程度上体现了美国天赋教育的选材方式、选材标准、人才特点和培养目标，希望读者能从中吸取有价值的东西。都说"没有成绩过不了今天，只有成绩过不了明天"，如果孩子成绩不太好，但这些推荐表中的项目评价都很高，还需要担心孩子的前途吗？建议：①父母各填一份家长推荐表，然后对照异同。②请孩子的几个同学给孩子填一份同龄人推荐表，然后对照异同。③请老师或学校给孩子填一份优秀学生行为特点评分表。如果做不到，父母可各自客观地填表，并对照异同。最后，与孩子商量改进之处和改进之道。

（本文源自《打破天才"可遇不可求"，立法倡导"神童教育"的美国如何让孩子人尽其才》《美国式"神童"，竟然是这样挑选出来的……》，分别刊发于2020年5月13日、5月25日微信公众号外滩教育，收入本书时有改动）

学校应该是传送带还是冶炼炉

一、"蓝翔"躺枪

"蓝翔"的前身是山东济南 57 中校办技校，现在叫"蓝翔技师学院"。

美国有技校，也有社区学院。前者只授类似于高中毕业的文凭；后者则授副学士学位，毕业生可继续到大学完成学士学位。

在网上查了半天，这个已经叫"学院"的蓝翔，到底能授啥学位，我不得而知。有人说，可授"工士"学位。其实，那也只是毕业证，不是学位证。

网传蓝翔校长在 2014 年毕业典礼上说："咱们不玩虚的，你学挖掘机就把地挖好……咱们蓝翔大学如果不踏踏实实学本事，那跟清华北大还有什么区别呢？"

调侃归调侃，但蓝翔们确实为中国的素质教育干了件大好事：为那些大学毕业就失业，必须去技校回炉才能找到工作的孩子推开了"生活教育"之门，递上了一份别具生命意义和尊严的生涯规划。蓝翔们办学的底层思维分流了危及"独木桥"的潜在"共振"。

这次蓝翔躺枪，皆因上海市教委副主任倪闽景为因疫情回国终止学业的留学生提的建议：一是全面开放高职高专学校，对高年级学生采取降一年级直接入学，进入相关专业的办法。未满一年的归国留学生，可以通过高职高专扩招计划，解决继续学习的问题。二是启用插班生考试政策。每个学期开学前，在不同年级设定大专业组插班生考试，通过插班生考试的学生可以进入普通高校试读，一年后成绩正常，可以转为正式学生。三是建立国外高校学业成绩转换机制。按照国际通用规则，对在国外已经完成的学分部分认可，将其纳入转入学校的学分当中……

此建议迅速炸锅！有人说："哈佛变蓝翔，MIT（麻省理工学院）修机床。"也有人说："是标题党在抹黑倪委员。"还有人说："倪委员提的是良心建议，留学生未经高考，难辨是不是学渣。"更有人说："留学怎么啦？'两弹一星'的功勋科学家都有留学背景。"……众说纷纭，莫衷一是。

纷争的症结在哪儿？

二、毕业典礼 vs 开学典礼

一位院士朋友来参加孩子的毕业典礼，感慨万千：为什么国内开学典礼隆重异常，而美国毕业典礼异常隆重？

我从未见过美国大学的开学典礼，即使有，亦不过是某位校领导给新生讲讲话，远远不及毕业典礼之万一。毕业典礼参加者包括毕业生的三姑六婆、亲朋故旧，校方更是不惜重金请重量级演讲嘉宾，诸如总统、世界名人等。作为唯一的访问教授，我就是在规模不大的约克学院的毕业典礼上，与演讲嘉宾美国司法部部长交谈并合影的。在美国校园文化中，现任校长做毕业典礼的主旨演讲是不可思议的笑话，这不是自恋就是请不到人。毕业典礼演讲嘉宾标志着学校的声誉。这个"面子工程"甚至早在一年前就会启动……

为什么美国大学这么重视毕业典礼？

一是终点思维。

重视起点还是关注终点，决定了庆典的价值地位。入学只是起点，毕业才是终点。所以，美国没有任何一所大学不异常隆重地庆祝学生的毕业，只有某些录取率极低的学校，比如哈佛，可能会有象征性的开学典礼。因为判断胜利（而且是真正的胜利）与否，只能在终点，而绝不在起点。

终点思维决定了战略目标的洞见性和前瞻性，从而决定了胜利的真谛！其实，大学（乃至名校）仅为人生一个匆匆而过的加油站，毕业也仅意味着阶段性胜利。而把战略眼光投到毕业后的职场竞争、社会实践、自我实现上，才是真正的终点思维。

以 18 岁上名校为成功标志，是有逻辑问题的、反智的起点思维。比如，官司能不能赢，法庭不看你是否有耶鲁毕业证；实验成功与否，取决于科学事实，而不是哈佛的学位。因此，教育的终点思维不是上名校，也不是名校毕业，而是培养毕业后能引爆人生"核裂变"的核心素质！从哈佛辍学的比尔·盖茨的终点思维，不是远远超出了一般意义的毕业吗？他把终点思维延伸到了微软……

二是"大进小出"的结构——炼钢炉模式。

留学生是学渣，还是"两弹一星"的功勋？

两极分化的看法从何而来？

美国大学都设有入学门槛（当然，也有来者不拒的），但毕业门槛与入学门槛不可同日而语。因此，不管是一流的还是一般的院校，进得来，不一定出得去。许多留学生都有与来自国内前十名大学的研究生同堂 PK 的经历。两天一小考，三天一大考，无数的作业、项目学习、课题研究，长长的书单，厚厚的资料……许多清华北大的研究生（即使是修一些本科课程）都叫苦连天。

当然，也不排除美国有的学校因财政窘迫，自觉或不自觉地降低一些标准。

2014 年 11 月，某教授匿名在我校的《学生报》上抨击良莠不齐的中国留学生，引起轩然大波。尽管说的可能是事实，但角度和态度有问题。当时，我是亚洲、亚一美研究学科部主任，我不一马当先，谁来伸张正义？于是我就牵头给校长写了公开信。一天内，获得一百多位教授和许许多多学生的签名，看到德高望重的老教授们的签名，直想流泪……但是，从名字的拼写别人一眼就能看出签名的中国学生寥寥无几。于是，我就给中国学生会主席写信，请被抨击的中国留学生出来走两步——签个名，表个态，但石沉大海。当事人不作为，连信也不回，装睡不醒，让别人为自己出头，让我真有"被蘸人血馒头"的感觉！当然，这些留学生也应该在"大进小出"的流程中……

美国大学采取"大进小出"的流程和机制，从而变成除渣成钢的冶炼模式。进来的是原材料，脱胎换骨者才能到达倒钢水的终点。

于是，就有了网友们关于留学生是学渣还是精粹的争论。

有人曾比较各所藤校成绩的含金量。某年,一位录取官跟我说,哥伦比亚大学的成绩含金量最高,因为当年藤校中哥伦比亚大学获得 A 的学生最少。这个说法值得商榷,因为不确定因素导致的不可比性太多。然而,不脱层皮就想在这些学校拿到学分,是不可思议的。所以,"部分承认学分"的建议,很不公平。

起点思维是违背教育规律的。孩子学龄前就被仓促地催着上了"不能输的起跑线",过五关斩六将,好不容易才冲过高考这道高等教育的起跑线,可是,我们恰恰又在这道起跑线上判断了输赢。既然胜负已定,失去动力、没了方向的孩子,谁还冲刺呢?于是,学校就成了进什么出什么,进多少出多少的传送带,而不是浇铸钢水的冶炼炉。

三、考生 vs 学生

未能完成学业的留学生要不要经过考试才能进国内高校?若要,考什么?这是另一个重要的争执点。支持者义正词严,反对者找不到反对的着力点。我递把刀。

应北大某机构的邀请,我曾将长期的研究写成一份 138 页的报告《美国一流大学选拔优秀学生的标准及选拔途径与方法》。

教育离不开考试,因为考试是检测教学的重要手段之一。因此,考分成为各国大学选拔学生的重要依据。然而,检测教学的手段不等于教育的最终目的;再者,考试(特别是现场闭卷笔试)有自身的先天缺陷(比如,只能考速度,难以考深度;只能考已知的知识,难以检验学习未知知识的能力)。因此,以"有先天缺陷"的检测教学的手段之一的闭卷笔试来评判考生,是不严谨、不合理的。

甄别"考生"和"学生"是个世界性难题。

考和录是两个不同的概念。要区分考生和学生,就要采取"考""录"分开的策略。考是考,录归录。考好了,不等于录取了。

美国的"高考",无论是 SAT 还是 ACT,仅是考而已,离高校录取相去甚远。一个"考"字和一个"录"字之间,涵盖的信息量巨大……

而在许多中国网友眼里，考就是录，"考""录"一体，甚至以考代录，考好了，就录取了，考分即录取标准。

哈佛等一流大学采取"三合一"的录取方式：高考成绩＋高中成绩＋综合素质。

SAT 和 ACT 俗称美国"高考"。SAT 每年举办七次，ACT 每年四到六次。对这两种考试，学生可"从一而终"，也可"脚踏两只船"，而且还可考多次。更好玩的是，允许学生在多次考试中，选取两次最高的 SAT 单科成绩（如 1 月的数学和 7 月的英语）申报大学。

至于"高中成绩"的计算，十分复杂！这是个集合概念，是四年里学生所有学业的总评：考试算分，作业算分，实验算分，课堂讨论算分，甚至迟到早退也算分。日积月累，包括了学生的全部有效信息：知识结构、学业基础、学习态度、学习方法等。

在我的 138 页的报告中，这一部分占了 32 页，含 5 个计算公式、13 个表格。难以详述。

借用一位顶尖大学校长的话来概括：该校更看重高中平时成绩。因为 SAT 只考四小时，高中历时四年；四小时考的是一时，四年看的是一贯；四小时有偶然性，四年反映了必然性；四小时主要考智商，四年则看情商多于智商；四小时考速度，四年看深度和广度；四小时看临场发挥，四年讲持之以恒……

说到"综合素质"，就更复杂了。就像谈恋爱找对象，哪个对象更来电，能量化吗？但申请者的综合素质"来电"与否，又太重要！于是，越是高水平的学校，越重视学生的综合素质。

常年雄踞美国大学排行榜榜首的普林斯顿大学，其招生院长说："我们绝不是简单地对申请者的平均成绩和高考分数进行排队，然后从上往下选。若如此简单，我们就不必花那么多时间去阅读申请材料了……我们也不会'照单'寻找申请者。更确切地说，在阅读申请材料时，我们把每一个申请者当作特殊的个案来审视他或她具体的、综合起来的能力和成就。"说白了，就是找更"来电"的！

1996 年全美有 545 个 SAT 满分者。其中 365 人申请哈佛，但 165 个被拒之门外，拒收率达45%。招了2000名新生，却容不下这165个。原因何在？因为他们干巴巴的考分后面，没有活生生的能"来电"的综合素质。

"三合一"模式——高考成绩＋高中成绩＋综合素质，就是要把起点思维变成终点思维，要把传送带变成冶炼炉的教育理念。

至于在尚未完成学业（不知是钢还是渣）的留学生回国的问题上，应该怎么既正视差异又兼顾差异呢？

四、建议

既要避免委屈留学生，又要避免一些人钻空子，到国外遛一圈，就能进国内的大学。我提几点不成熟的建议。

第一，核实留学生是否参加过SAT或ACT考试，获得了什么成绩。如参加过这些考试，成绩又好，可以直接转学。

第二，即使仅参加过托福或雅思考试，但成绩优异而且要转学到外语类学校或其他院校的外语专业，也可作为录取的至关重要的参考。

第三，对国外的大学进行一个基本的排队和分类，分析欲转学的留学生被什么学校录取，完成了多少学分……然后，考虑由对应的国内学校录取，避免MIT的学生去蓝翔。

第四，美国大学基本对各所高中的成绩含金量做了排队。一流大学都用一套复杂的公式计算学生的学业指数。参考国外大学录取时考量的综合素质和高中成绩，国内的有关机构和大学，也应该对留学中介的操作和操守，及相关高中的教育质量有个基本的摸底和排队，避免蓝翔式躺枪，避免"钢""渣"不分，避免留学成为转学的传送带。

（本文刊发于2020年6月5日微信公众号校长高参，收入本书时有改动）

掀开"黑幕"，看藤校招生那些事儿

2019 年 3 月，美国的高校招生舞弊案霸屏，中国的"宝宝不高兴"刷屏，都是教育那些事儿！

美国的高校招生舞弊案，有 50 人被起诉，包括 33 名家长和 9 名高校体育教练。让人震惊的是，涉案的教练来自多所知名大学，如耶鲁大学、斯坦福大学、加州大学洛杉矶分校、南加利福尼亚大学等。一个叫辛格的入学顾问把这些家长和教练串了起来。涉案金额达 2500 万美元。

美国社会上下震惊，称之为"史上最严重的、规模最大的高校招生舞弊案"。名校被"污名"了！

有人评论：都说美国高校招生严谨公平，这不也有舞弊吗？更有人迅速得出结论：还是"分数面前人人平等"更好。

在中国，正是这个分数让减负减不下来，"宝宝不高兴"了！而"宝宝不高兴"的严重后果，是"宝宝"在"认分不认人"的竞争面前、在起跑线上被训练成了考试机器。

这些年来，中国一直在改革高考，试图破除认分不认人的机制，"胜负手"就是招考分离："认分，更认人！"在这改革关头，美国名校招生舞弊案曝光，让人又对招生的不公平产生了疑虑，认为还是要回到"分数面前人人平等"的"考""录"不分，以考代录，考好了就录取了的老路上去。

我曾写过关于美国高校招生的书《"高考"在美国：旅美教育学专家眼里的中美"高考"》（再版名《你离美国大学有多远：高考在美国》），出版社原拟的英文书名为 *College Entrance Exams in America*，而我改为 *College Admissions in America*。因为在美国，考和录是不同的，高考并

211

不代表"高招"。中文的"高考"和"高招",不易看出乾坤,一翻成英文,"考"字和"招"字,就泄露了天机。

俗话说:"种瓜得瓜,种豆得豆。"来年的收成,取决于两点。一是选什么——国家鉴定人才的标准,向"宝宝"(及其背后的社会大众)传达一个什么样的信息——选瓜不得豆,选豆不得瓜。二是怎么选——按照标准去科学、公平、合理、严格地甄别和选拔人才。

以分为导向,"宝宝不高兴"!大家都冲着分数而去,会累死"宝宝",扭曲"宝宝"!然而,横在高考改革面前的一道坎儿,就是招考难以分离。考可量化,很直观,亦似公平。考 = 招,简明省心。与此同时,招生的水太深,大家担心关不上后门。这不,美国高校招生舞弊案不就证明了招考不可分吗?

高校招生舞弊案的嫌犯辛格说:"如果打个比方,有一道前门是让学生通过自己的努力进去,还有一道后门是让人们通过学校的募捐系统捐一大笔钱进去,那么,我设计的是一道侧门……"本来大家就担心后门,现在又加一扇"侧门",实在是给人添堵。

其实,人是社会性动物,因此,从时间上看,后门和侧门永远不会退出历史舞台;从空间上看,任何国家都会有后门和侧门这些歪门邪道。问题是,如果我们不作为,等下去,招考分离会自动出现的话,那太容易了,等下去呗!可"宝宝"不能等,招考分离也等不来!我们只有勇敢地迎上去,才能迎来招考分离的曙光。也就是说,前门的曙光与后门、侧门的"昏光"将会同在,我们要做的是,把后门和侧门挤压到最低限度。

作为研究中美教育的学者,我想在这里详细地阐释、分析美国高校招生的程序和机制,让我们可以在一个大框架下思考如何借鉴美国的"高招"——"高"明之"招"数,同时避其短,给中国高考改革一个借鉴性思考。

下面,我们就来聊一聊藤校招生那些事儿。

一、招生办里的秘密

世界一流大学招生有后门和侧门吗？有，但很不容易打开！所以，50 个涉案者，仅有一个人是招生办的，而且他是负责体育特招生（这次舞弊案的重灾区）的，并不参与一般的招生。关于这一点，我在后面专门分析。

为什么美国高校招生的后门和侧门难开？我们迈阿密大学有个餐厅叫 1809——纪念建校于 1809 年。哈佛更早，建校于 1636 年。经过三四个世纪的摸爬滚打，高校招生流程可谓严防死守。

请看美国顶尖大学典型的审核、筛选申请者的方式。据悉，2019 年被《美国新闻与世界报道》排在第八位的杜克大学就采用下面的方式。

如某年共有 15000 个申请者，他们的申请材料至少有十万份。每人需提交以下材料。

1. 申请表第一部分，包括申请者的基本情况：姓名、生日、社会安全号、住址、父母的职业及受教育程度等。

2. 申请表第二部分，一般包括申请者的兴趣、爱好、社会活动、学术活动、课外活动、打工情况、获奖情况。有的学校还有一连串的"小问题"（也称"小作文"）。每个问题通常限制回答 300 到 500 字，多是些不痛不痒、不得不答、很难出彩的问题，比如为什么申请该大学、对什么学术项目感兴趣等。

3. 开卷作文。

4. 申请表第三部分，一般由高中的学生顾问填写，包括修了什么课程、课程什么等级、平均分、排名、学生顾问的评价……

5. 高中的成绩单。当年的 2 月中旬，申请人还要寄出高四年级第一学期的成绩单，到 7 月上旬再寄出毕业成绩单。

6. 推荐信。好大学要求至少两封。

7. 面试报告。

8. 各种补充材料，如获奖证书、发表的文学作品、美术作品、音乐作品等。

9. SAT、ACT、SAT Ⅱ 单项考试等 "高考" 成绩。

将这些邮寄材料拆封、归类、分档，约需一两周。然后，招生办的工作人员开始阅读、审核、筛选申请材料。

第一步：由若干 "第一读者" 审读所有申请材料，并写上审核意见。据说，杜克大学的 "第一读者" 包括退休的招生办人员、本校教职工、校友、研究生等，以及各方面的 "临时专业人员"。因 "第一读者" 是临时抽调的，他们读的材料又是随机抽选的，如有人想走后门，也会 "捧着猪头，找不到庙门"。

第二步：招生办每个专职人员 —— "区域官员" 按地区划分自己的 "势力范围"。他们负责仔细阅读、审核、筛选本区域的申请材料，并签署审核意见。这样，保证每份申请材料至少经过两人审核，避免因个人的偏见而造成 "误" 选。其实，这也可以互相牵制。

第三步：选出 5% 到 7% 的最强候选人，交给招生办院长定夺。如果两个审核者都用绿笔签署 "录取"，一般也通得过院长的审核。若院长有不同看法，就会拿到筛选委员会去讨论。在这个阶段，似乎较易走后门、开侧门，因为 "把关" 的人不太多。但 15000 人中的 5% 到 7% 的佼佼者，只要智商不是低得离谱，就能一眼认个八九不离十。要在此阶段走后门，并不容易。首先，如学生条件很好，就没必要走后门；若条件很差，有谁愿到院长面前充当 "白痴"？除非真是白痴，连后门都不会走。其次，没有第一和第二审核者用绿笔签署的意见，院长手上的任何一份申请材料，都无异于危险的炸弹。

第四步：把 25% 到 30% 的最弱申请者剔出来，作为被拒于门外的申请者，交给副院长最后审核。这些被拒者，必须由两个审核者都用红笔签署 "拒收"。只要有一个审核者不同意立即拒之门外，就必须通过第五步，交由筛选委员会讨论。只要副院长也用红笔签署 "拒收"，这些申请者就被打入 "死牢"，几乎完全没有翻案的机会。

第五步：除了 5% 到 7% 绝对录取的申请者，和 25% 到 30% 绝对不录取的申请者，剩下的全部拿到筛选委员会讨论。筛选委员会的人员因校而异。有的学校由各学院的教授、招生办资深官员组成，有的在此基础上加上学生代表，有的仅由招生办资深官员组成。据说，莱斯大学学生委员会也参与筛选工作，杜克大学理工学院的教师亦参与筛选工作。一般来说，各个"区域官员"不参加筛选委员会。为了避嫌，初始审核人员也不参加筛选委员会。当然，不管由什么人组成，最后人数一定是单数，以便票决。

第六步：筛选委员会逐个讨论这部分最有争议也是人数最多的申请者。主要是讨论第一和第二审核者的审核意见，如有争议，再参阅原始申请材料。这是整个招生工作最困难、最复杂、最细致、最微妙、最有挑战性、工作量最大的步骤。

在这个阶段，走后门、开侧门者都在动脑筋，但困难重重。

据说，杜克大学的筛选委员会对这个阶段的工作非常慎重，只要有一个成员认为某个申请者值得详细讨论，委员会的所有成员就从各个方面去思考、发掘申请者的潜能：该申请者曾给其高中和社区带来过什么影响？又将会给大学带来什么影响？这种影响可以深入教室、球场、校园、社区……也就是说，这个学生能为校园贡献什么？本大学的特长和有利条件又能给这个学生潜在的发展提供什么？

我曾跟普林斯顿大学的招生院长说："那些闪闪发光的玉，谁都有眼力看出来。而有些美玉是夹杂在顽石中的，叫璞玉，需要招生人员在这个步骤中挑出来。漏掉一个有培养潜质的孩子，比选了一个平庸的学生犯的错误更大！选了一个庸才，不过浪费了十来万美元；漏掉一个人才，那是学校甚至可能是人类的一大损失。"

哥伦比亚大学招生办执行主任曾跟我说："我们还有一个非常强烈的信念：无论是课内还是课外，学生之间能相互学到许多东西。因此，由有着不同生活经历的学生组成的群体，能给校园带来巨大的贡献。而这些不同的经历是无法通过考试来核查的。"

世界一流大学均致力于打造多元文化的校园——由具有不同背景、特点、能力的人组成学术的生态环境。怎么打造？认人，选才！

我这个1977级的"走读生"，一直怀念我们那个"藏龙卧虎""五花八门"的无价校园文化：十万大山来的"老插队"，有十余年教龄的民办教师，乳臭未干的高中生，总像在操正步的转业军人，在文工团跳过芭蕾的舞蹈演员，在塑料凉鞋上钉铁掌的县城干部，在省级刊物上发过作品的"臭老九"，用毛笔小楷抄过《左传》的工人，因听外语台失业的青年，因不满"四人帮"坐过牢的"思想家"，高墙深院内的高干子弟，讲洋泾浜普通话的归国华侨，张口闭口《哥达纲领批判》的"老高三"……当然，也有高考状元。尽管那时大学禁止谈恋爱，但大伙儿聚在一起侃大山就是其味无穷的思想盛宴。在校园里随手扔块石子，都可能会砸到在争论惯性定律的"牛顿"们的头上。这就构成了校园文化的无价财产。

认分不认人，招收的"宝宝"特点太单一，由这些优点和缺点都相似的同质学生组成的校园文化，$1+1<2$，是不健康的。

总之，招生人员的使命是把各种各样的人才聚集在一起去创造一个多姿多彩的学术环境，让他们互相碰撞出思想的火花，携手并进。

说到招生办的"秘密"，不得不说一下跟钱有关的资助政策。

Need-blind：blind 是"摸黑"之意，也就是在对学生的录取资格进行审核时，完全不看其家庭经济状况。你是连饭钱都付不起的流浪汉也好，是富可敌国的亿万富翁也罢，一概"不屑一顾"！只审核申请者自身的条件是否合格，只要合格就录取。如此"摸黑"的结果，录取的可能是一个穷得叮当响的小子，也可能是富商大贾的千金。总之，不论录取谁，都只在录取之后才来"秋后算账"——计算你是不是需要资助，需要多少资助。

尽管这是一项非常公平的招生政策，但由于许多审核人员在潜意识中有意无意地"提携"家境特别困难的孩子（如哈佛曾录取过流浪女，伯克利曾招收过流浪汉），这就使得中不溜家庭的孩子无形中在某种程度上处于不利地位。

Need-based：need 意即"需求"，也就是"基于需求"发放资助——根据申请者的家庭经济状况给予奖学金。家庭困难的，学校就多发放一些（甚至免费上学）；家庭不那么困难的，就少发放一些；富豪家庭的，不资助分文。大学资助办公室有一套计算公式：家庭收入多少、固定资产多少、银行存款多少、持股多少，家里有几口人、有几个孩子上大学，将这些数据填入公式，"答案"就出来了：学校需要提供多少奖学金（白给的、不用还的钱）、学生需要贷多少款、学生需要打多少工、家庭需要支付多少钱……一目了然。举个例子，如上学需 5 万美元，根据公式计算你家只能支付 1 万，缺口是 4 万，学校就资助你 4 万。

每年，学生都要提供家庭的报税单，学校再重新审计你的 Need-based 的资助额。家庭收入增加，资助将会减少；反之，资助将会增加。这就是 Need-based 的实质。如被录取后，你家发了笔横财（中彩、炒股或其他合法收入），但你却隐瞒不报，继续领取相同的资助，一旦被发现，将会受到法律的制裁。

Merit-based：merit 意即"才能"，也就是"基于才能"发放资助。这是与 Need-based 相对应的资助方式。资助的原则是申请者自身的学业状况和各方面的资质条件。成绩好、条件高的申请者，学校就多发放些奖学金；反之，就少发放些奖学金。许多排名稍低的学校，为了增强吸引力，从实行 Need-based 资助政策的学校把一些好学生（自身条件好，但因家庭经济条件好而完全拿不到或拿不到太多资助的申请者）"吸引"过来，往往采取 Merit-based 的资助政策。

总而言之，Need-based 是根据合格者的家庭经济状况发放资助，Merit-based 只根据本人资质发放资助。

二、到底是"黑幕"还是"舞弊"

美国高校招生丑闻，有人说是"黑幕"，有人说是"舞弊"。黑幕指幕后交易，舞弊是营私舞弊的案件。舞弊案媒体已披露不少。至于幕后交易嘛，我们就来揭开"幕"看一看。

美国高校招生颇有点儿劫富济贫的味道。富家子弟的平均成绩 B 没有穷人子弟的 B 含金量高，如只有一个名额，结果很可能是"劫富济贫"——向弱势群体倾斜。因为尽管两者的成绩都是 B，但两者得 B 的过程却大不一样（条件那么好才得 B，条件那么差也得 B）。如给弱势者一个机会，他更可能还你一个惊喜！

然而，是不是美国的高校招生就一定"劫富济贫"呢？

年收入二三十万美元，不多不少，不富不贫（难以大款般资助学校，又不是弱势群体），孩子的平均分得个 B，根本就不够格上藤校的"黑名单"。

如果父母是特大富豪，故事就另说了。

美国大学都设有发展办公室或校友办公室（名称可能因校而异），该办公室的主要任务就是找钱。

2012 年，迈阿密大学曾计划在美国驻华大使馆举办中国留学生家长鸡尾酒招待会，答谢中国家长送孩子去迈阿密大学学习，其实，也就是想筹款。据说，当地奔驰车行曾给学校写过感谢信，因为不少中国留学生买他们的车。其中一人带着父母去看车，一眼就看中一辆 12 万美元的豪车，眼都不眨，立即买单。学校有关部门让我发言。

我对自己的发言还是有点儿犹豫的，毕竟国人的钱还没焐热，不容易掏哦……

是年夏天，鸡尾酒招待会因故取消。这是后话。

其实，我校也有不少美国富家子弟。

某年考试，一名学生原定于下午 3 点考，但都快 4 点了，他还礼让有急事的人先考……

我说："你不是 5 点的飞机吗？从学校到机场至少一个小时，还得过安检什么的……"

他羞涩地笑笑："我爸开飞机来（迈阿密大学机场）接我……"

大学的发展办公室就盯着这些人的口袋。

讲到捐款，得先解释一下"学业指数"的概念。

某藤校招生办前副主任曾著书披露：常春藤联盟使用"神秘计算公式"和表格，把来自不同地区申请者的高中成绩、年级排名、SAT 成绩及藤校额外要求的 SAT II 单科成绩，统一量化为学业指数。例如，某学生 SAT 成绩，英语 770，数学 780，平均分 775；三门 SAT II 成绩，历史 760，数学Ⅱ 780，西班牙语 770，平均分 770；在 500 名毕业生中排名 18。略去复杂的计算过程，把计算结果套入一个表格，即可得到该生的年级排名点数，约为 68。

如果你的父母或祖父母很有钱，而你本人的学业指数不高，课外活动和社会活动寥寥，但你又很想进某大学，你就可以让你的父母或祖父母给该大学的发展办公室打个电话，表示愿意帮助大学扩建图书馆，或增设实验室，或干脆设立一个奖学金……然后，不要忘了告诉该大学："我有个孩子，今年想进你们大学读书……"

不过，想通过这种门路进学校的人不少，捐个十万八万美元，打水漂都不起泡，等于在国内请人吃大排档。当然，不同学校要价不一，双方可谈条件。据说，要上一流大学，没有数百万美元免谈。一般是按捐款额排队，由发展办公室或校友办公室送到招生办审核。如果你父母或祖父母的捐款额能打动校长，你的名单可能会由校长办公室直接交给招生办主任，这就差不多搞定了。

用捐款交换入学较复杂，牵涉的部门较多，而且捐款额与你自身的条件也有关。你的条件越差，讨价还价的机会越小，捐款额将越大。当然，若你自身条件实在太差，招生办又强烈反对，那么此路基本不通。

同样是不太合格的学生进大学，捐款是从"后门"进到学校的户头，而行贿则是通过"侧门"把赃款放进私人口袋。这就是"黑幕"（幕后交易）和"舞弊"（行贿受贿）的区别。

就此问题，我和有关人士交换过意见。他们说，从感情上他们都不愿接收这样的学生；而从理智上考虑，接收一个不太合格的学生，换来一个崭新的图书馆或其他设施，将有利于全校师生的教学或学术发展，这个"交易"还可接受。大有"牺牲'他'一个，幸福千万家"的意思。

美国西北大学（人称"新藤校"）的招生办副主任曾跟我说："这个话题从来都是一个微妙的话题。但说实话，我并不经常处理这类事务（作者注：不知是王顾左右，还是真没参与'黑幕'）。我们当然欢迎给大学捐款，然而，课堂上的位子不是拿来出售的。直截了当地说吧，家庭成员捐款给西北大学并不意味着该学生就一定被录取。我们希望捐款的目的是更好地建设西北大学，而不仅仅是某学生能进西北大学。只是为了家庭成员能进西北大学才捐款的人，极有可能会感到失望。"

这个所谓的"黑幕"，听得我直摇头又直点头。

其实，中国的学校也可以掀开"黑幕"——光明正大、大大方方地考虑接受捐款上学的方式，为学校增加一栋校舍、一间实验室、一个球场……何乐而不为？但有几点必须考虑。

1. 数量（钱和人的数量）及项目一定要公开，至少在一定范围内公开。当然，学生的名字要保密。

2. 捐款额一定要大，入学人数一定要少，可以考虑千分之一为限。比如，某校每年招 3000 名新生，捐款上学 3 个人。四年下来，整个校园也就十来个这种学生，不会因"量"变引起"质"变，不会从根基上动摇学生的整体素质。与此同时，如捐款额为 1000 万 / 人，每年学校额外增加一栋校舍或实验室，或者直接资助 300 名优秀贫困生从入学到毕业……何乐而不为？

3. 尽管是捐款入学，学生也必须达到一定的水准。否则，人是进来了，但却读不下去，双方都会十分难堪。

三、推荐与后门

有人说，不管是中国还是美国，高考前考的是学生，高考后考的是家长。

的确，单靠一个干巴巴的高考分数（外加一张有身高、体重的体检表），招生办怎么能够了解一个活生生的、有血有肉的人？

推荐是发现和输送人才的渠道之一。中国自古就有"内举不避亲"之说。可见内举也好，外荐也罢，古今中外都是有的。问题是怎么建立一个运转合理的推荐体系。

在美国，无论是上大学，还是找工作，都得有推荐人。有些地方，哪怕是租房子、打零工，甚至领养一条狗，也得有推荐人。

很多推荐人很看重自己的信誉，写起信来一副公正无私的样子。

当然，读者关心的是，高校招生中的推荐有无后门。

一流大学都要求提供至少两封推荐信。有些甚至指明要高三或高四的老师推荐，而且必须一个文科，一个理科。

哈佛除了要求提供两封高中老师的推荐信外，曾鼓励多提供一封某个"熟悉你的大人"的推荐信。这个"熟悉你的大人"可以是亲戚、邻居、朋友、保姆、小学老师……

达特茅斯学院更怪，是藤校中唯一要求提供一封同龄人的推荐信的学校。

普林斯顿挺正常，只要求提供两封推荐信。但普林斯顿每年都会收到许多特殊的推荐信。例如，据《进入大学招生程序》（*Getting in: Inside the College Admissions Process*）一书披露，有一年，普林斯顿收到了以下这些特殊的推荐信。

16 个父亲写的推荐信（作者注：其中 1 封来自中国）。

10 个母亲写的推荐信。

11 个姐姐写的推荐信，其中 1 个是普林斯顿在读生；9 个哥哥写的推荐信，其中 2 个是普林斯顿在读生。

5 个祖父写的推荐信。

2 个姑姨、1 个叔舅、1 个舅娘给晚辈写的推荐信。

1 个普林斯顿校友给表亲写的推荐信。

26 个普林斯顿校友给非亲人写的推荐信。其中 1 个是普林斯顿校董会成员（作者注：校长的上司），该人士一共给 4 个申请者写了推荐信。

2 个美国参议员写的推荐信，其中 1 个人的推荐信的抬头是"敬启者"。

1 个美国众议员写的推荐信。

印度驻德国大使写的推荐信。

萨摩亚群岛司法部长写的推荐信。

4 个普林斯顿教授写的推荐信。

2 个其他大学校长写的推荐信。

1个其他大学招生办官员写的推荐信。

9个高中校长给不是自己学校的学生写的推荐信。

4个老师给不是自己的学生写的推荐信。

1个美国教育部的官员写的推荐信。

俗话说：外行看热闹，内行看门道。

而我以及许多中国读者不能说是内行，但自以为会"看门道"：对参议员、众议员、校董会成员等这"员"那"员"有没有走后门感兴趣！

据说，有些大学的校长也直接为某些申请人写推荐信到自己学校的招生办。

然而，这些这"员"那"员"的推荐信，都是"明目张胆"的、公开的、负责任的，因为他们签署了自己的大名和职务。

不像电视剧里某些贪官的"秘书条子"，只在一张小白纸上鬼画符般写个名字，无头无尾，更无"内容"；或干脆就是死无对证的口信。

美国人也是人，也讲人情，但若明文规定"什么人"不能为"什么人"写推荐信，这些"什么人"一般就不会给那些"什么人"写推荐信。

既然无条文限制，写推荐信就不违法乱纪。至于能不能录取，不是我的事儿。录取的"条条框框"在你们手上，怎么处理，那是你们的事儿。

其实，中国早有古训——"内举不避亲"。如果你认为某人合格，就大大方方地写推荐信。

布什总统的女儿能不能进耶鲁？

如果她要以 Legacy（后面有专门的阐释）的方式进去，她就仍然要与其他 Legacy 学生在一定程度上比条件，包括 SAT 成绩、学业指数等硬条件。若以捐款的方式进去，也得看他布什家族捐多少钱。

我问过西北大学的招生办副主任："根据《招生 ABC》（*A Is for Admission: The Insider's Guide to Getting into the Ivy League and Other Top Colleges*）一书的披露，美国许多大学对录取名人是有特殊政策的，

并明确指出，名人包括'美国总统和副总统的孩子'。当然，录取这些名人也不是无条件的，他们也必须达到一定的要求。如果布什总统的女儿申请贵校，你们会无条件地接收她吗？为什么？"

他答道："不！西北大学绝没有这种无条件录取的事情。恕我不能透露细节，我们很幸运，每年都会有一些大有来头的申请者。他们中的一些被录取了，但许多被拒绝了。这也很像捐款的情况，录取与否绝不简单地取决于父母的名声和地位。"

听话听声，锣鼓听音。听听他的话外音："一些被录取了""绝不简单地取决于父母的名声和地位"——录取不是无条件的，申请者必须达到一定要求。

当然，不少学校明文规定可以录取"名人"。美国总统和副总统的儿女被归为"名人"，因此，他们可以"大大方方"地进去。但招生办的人说，这些"名人"也需要达到基本要求。布什的双胞胎女儿只有一个进了耶鲁，这就耐人寻味了！另一个是不愿读耶鲁，还是没达到"基本要求"，抑或是……我曾咨询过录取名人的理由。有关人士说："那是给学校打广告，以提高学校的知名度。"

合理不合理？见仁见智。中国大学录取名人，世界名校也录取名人。剑桥录取过邓亚萍，美国学校也曾录取过王军霞。他们有他们录取的考虑和理由。我认为，名人有几种。所谓名人，出"名"之"人"也。有一种是为国家、民族甚至人类做出过特殊贡献者，这些人可以考虑录取。而总统或副总统的儿女，是因为父亲而出名的人，大可不必好处也"株连九族"。

我觉得很有意思的是，在中国，如某国家领导人的子女以"名人"的方式被录取到某名牌大学，恐怕会引起轩然大波。而在美国，国家领导人的子女却可以堂而皇之地戴着"名人"的桂冠进入名牌大学。

捐款入学，可以大大方方、明明白白地进行"竞标"。总统、副总统的孩子入学，你说是走后门也好，不是走后门也罢，有明文规定，就是照章办事。合不合理？可以争论，但有一条——合法。如果你要反对，不要反对"走后门"，而要反对那些把"走后门"规定为合法的"条文"。换言之，发牢骚只能是发牢骚，要杜绝这类"走后门"，只有想办法去掉那些使"走后门"合法存在的"条文"。

许多人喜欢请参议员、众议员、校董会成员等这"员"那"员"给自己写推荐信。有没有效，只有天知道。

《大学招生交易的秘密》（*College Admissions Trade Secrets: A Top Private College Counselor Reveals the Secrets, Lies, and Tricks of the College Admissions Process*）一书，讲述了一位女生的动人故事。

这个女孩负责学校的废物回收工作。因工作需要，她从高二开始就与校长、副校长有所接触，并与一位老清洁工一起具体执行废物回收工作。到申请大学时，她需要从这三个人中选一个人写推荐信。大家都以为她不是选一言九鼎的校长，就是选副校长。但她出人意料地选了老清洁工。老人是墨西哥人，没文化，连英语都不太会说。严格地说，那位老清洁工的推荐信非常糟糕，不但语法不通，有些句子还词不达意。但他的推荐信告诉人们：这位女生很关心他和他的一家；总是很尊重他，和他一起商量怎么做好学校废物回收的工作，使他觉得自己也很重要——能尽心尽力地参与学校这个大家庭的活动。

据说，这封推荐信感动了每一个招生办人员，有人甚至是含着泪读完这封文法不通，但质朴无华的推荐信的。

这个女生的SAT成绩只有1320（满分1600），根本达不到藤校的要求。但就因为这封特殊的推荐信，她被三所藤校录取了。

这个故事很动人。我不知道这个女孩是不是墨西哥族裔。若然，SAT 1320分，完全达到了藤校录取线。推荐信不过起了"推波助澜"的作用。不过，不管她是不是受"平权措施"（Affirmative Action）保护的少数民族，从策略的角度看，这个险招确实独具匠心。在高中生眼里，校长、副校长高不可攀；而在大学招生官员眼里，写推荐信的高中校长成千上万，写推荐信的清洁工恐怕百年不遇。因此，才有异军突起、奇兵乍现的效果。这个女孩敢于舍校长选清洁工，光是这份胆识，就足以让名牌大学怦然心动。

我认为，美国的推荐信制度有漏洞和缺陷。比如，学生顾问的推荐信都说了啥，只有天知地知。因为为了让推荐人畅所欲言，许多大学表示在新生入学前就会销毁推荐信或有关表格。

哈佛招生办的官员曾跟我说："明日上午给（我儿子的）高中打电话，下午告诉（我）结果。"结果是没有结果。当然，我儿子读高中时出奇地调皮，大概就是"没结果"的原因。

如果学生顾问有失公允，抑或有偏见，又或者水平低，甚至心术不正，都可能"杀人不见血"，且又让背锅的人一直走到黑。因此，如中国高校要推荐信，应由班主任和另一位老师共同签署鉴定表或推荐信，以免孩子不知背后背啥锅。

四、"宁可'浪费'三天，不能漏掉一个"

前面谈了高校招生录取的过程和筛选方式。我想，我们可以把某个知名的说法借过来，优化一下："宁可'浪费'三天，不能漏掉一个。"

美国高校招生的审核程序可谓"过五关斩六将"。若 SAT 分数很低（作者注：据不完全统计，2022 年，已有 1875 所大学不再要求 SAT 或 ACT 成绩），高中成绩很差，没什么特长，不积极参加课外活动和社会活动，就算你"贿赂"了第一级、第二级审核人员，"过了五关"，也无法"斩六将"——你在审核委员会或筛选委员会的评审中，同样会被刷下来。大家甚至会质疑第一级和第二级审核人员的业务水平与职业操守：到底是看不出问题，还是根本就不看问题，抑或是自己有问题？到时，被审查的可能就不是申请者，而是审核者。其他的不说，单是要这些审核人员解释一下自己的审核意见，恐怕就是很难堪的场面。如是明显的"业务水平"问题，会危及饭碗，就更不用说职业操守出问题了。

本身"不上线"不行；"上了线"，仅贿赂几个关键的人也不一定行，必须贿赂所有人，包括审核委员会或筛选委员会中那些学生代表和教师代表，难度几近登天。所以，从目前揭露的美国高校招生舞弊案来看，只有两条路：一是改 SAT 成绩，二是伪装成体育特长生（后面分析）。

一般来说，美国人也讲人情。因此，也有走人情后门的现象。比如，在允许的范围内，为非常亲近的亲戚朋友开点儿无伤大雅的后门，但仅限于不犯法的小后门。若是踩红线、越底线地行贿受贿，许多人就会变得六亲不认。所以说，这次是史上最严重的高校招生舞弊案。

美国高校招生一般都尽量做到公平、公正、公开。为了保证这"三公"，社会上还有监督手段：假如发现某同学的条件不如你（除了Legacy、捐款、因"平权措施"受益的少数民族、体育特招生等情况之外），但他被录取了，而你没被录取，你就可以告上法庭，或者在媒体上揭露。2014 年，几个白人学生因反对合法的"平权措施"把密歇根大学告上最高法院。目前，60 多个亚裔团体也认为"平权措施"歧视亚裔申请者，正在把哈佛告上法院（作者注："平权措施"，降低条件录取少数民族学生，但亚裔太优秀，要条件超标才能被录取。读博时，为此议题，我没少跟教授、同学论战。我舌战群儒，杀得天昏地暗……但我最敬重的教授说："你说的都有一定道理。但别忘了：虽然'平权措施'对一些人来说是不公平的，但它能换来校园大环境的'多样化'。"若只接纳"百兽之王"，百鸟齐鸣、群兽呼应的森林就会渐渐消亡。同理，若高校只招缺乏综合素质的高分考生，因生源同质——特点及弱点均相似，就会造成"生态失衡"的不健康环境）。

许多美国人认为，为了上大学行贿非常不值。第一，非常危险，后果非常严重。第二，贿赂额大了不值，还不如直接捐款，小了又没有效果。第三，即使贿赂了某些人，也不一定起作用。第四，与其贿赂，不如多申请几所大学，东方不亮西方亮，总有接收的学校。第五，上大学并不是什么大不了的事儿，今年上不了，明年再上；今年上不了理想大学，明年还可以转学；本科不如意，研究生还有机会。来日方长，完全没有必要铤而走险。因此，这次史上最大丑闻仅 33 个家长涉案。

想想美国高校招生审核程序，你可能觉得似曾相识，噢——取消高校毕业生分配制度后，各单位五花八门的自主招工，不也就是看成绩、看表现、看能力、看面试吗？

"似曾相识"就是离我们并不遥远。实际上，如果我们把这些"似曾相识"综合起来，就是美国高校招生的招考分离的审核和选拔机制。

目前，中国各单位五花八门的自主招工，有走后门的吗？肯定有！但运转得基本像美国高校招生一样中规中矩、多姿多彩！

对许多人来说，挤独木桥是为了将来找工作。若然，上大学就只是手段。既然作为目的之找工作可以不用全国统考，为什么作为手段的上大学，不能取消统考录取，实行自主招生呢？

既然目前的自主招工没有失控的现象，为什么我们要为招考分离、自主招生忧心忡忡，举步不前呢？

现在存在一些腐败现象，这与人的素质不高、法治不健全、监督机制不完善有关。只要我们在招生政策上增加透明度，在审核制度上健全法治，在录取过程中完善监督机制，我们就完全可以在招考分离中大大减少丑恶现象。

五、Legacy 情结

Legacy 译成中文是"代传物""遗产"的意思。

Legacy 招生政策，是指大学（尤其是私立大学）在招生时，给校友子女一定的照顾。这虽不是"潜规则"，但总有点儿遮遮掩掩。

一般来说，申请者的父母是校友，申请者才被看作 Legacy。有些学校也把祖父母甚至兄弟姐妹为校友的申请者看作 Legacy。

雄踞美国大学排行榜前 20 名的学校，虽偶有公立大学（公立大学主要经费是纳税人的钱，基本没有 Legacy 优先录取一说）入围，但基本都是私立学校。

Legacy 的录取率高度机密，非常敏感，不容易探查，一般认为在30% 到 45% 之间。常年排在榜首的普林斯顿 2010 年前后是 40%（近年的暂未查到）；哈佛 2014 年是 40%，2018 年是 33%。换句话说，100 个 Legacy，约 40 个被录取。而这两所学校 2019 年的常规招生录取率分别为 7.0% 和 5.3%。Legacy 的录取率是常规的 6—8 倍。我查不到耶鲁的

Legacy 录取率，但应该不低于 40%。因为耶鲁的 Legacy 约占学生总数的 15%。100 个学生有 15 个是 Legacy，这是一个相当高的比例。耶鲁最著名的 Legacy 是谁呀？老布什！然后，是小布什！再然后，是小布什的女儿！

2001 年，小布什应邀回母校演讲。面对人头攒动的毕业生，他说："你们得了 A 的，很伟大；得了 C 的，也不要悲哀，照样可以当美国总统……"

人们哄堂大笑。

接着，他又调侃副手钱尼（作者注：也曾就读于耶鲁，但未毕业）："为什么钱尼只能当副总统？因为他没从耶鲁毕业。否则，也照样能当总统……"

我们不知小布什是不是 C 等生，当然，Legacy 中不乏优异者。他们的特权表现在，当他们的条件与一般申请者一样或相近时，学校会优先考虑他们（虽有名额限制）。

实行 Legacy 招生政策，既有理由，也有无奈，更有弊端。三者互为因果，互相渗透。

先看理由。招收 Legacy 的最根本理由，是要围绕大学建构一个巩固的"基础社区"。这些 Legacy 一代一代地不断入学不断毕业，一代一代地给学校捐钱。用我们熟悉的俗语来说，就是拉一批最忠诚的"老铁"。我发现各所学校撒播到全美各地的祖辈相传的 Legacy，已有些近乎宗教情结。其实，不光是大学，私立高中、初中，也不例外。甚至公立大学也非常重视自己的 Legacy（作者注：从法律上说，公立大学不能有 Legacy 招生政策，只能是精神层面的东西）。中国人爱撒"关系网"，美国大学在招收 Legacy 的问题上也大撒"关系网"。一般的大学因担心生源，不得不搞这一套，还好理解。怎么世界顶级大学，也非常热衷于招收 Legacy？确实有些费思量。

我想，这不外乎三个原因。一是陈陈相因，大家都在一个不由自主的惯性中运动。二是父母毕业于这所学校，其子女可能会有相应的素质，实施 Legacy 招生政策，能够一代一代地保持一定质量的生源。三是希望毕业的成功人士，能饮水思源——从政治上、经济上对学校有所回馈。比如，上一届众议院议长保罗·瑞安是迈阿密大学的校友，我们能不重视他的 Legacy 吗？

再来看其无奈。学校的运作，需要大量资金。许多学校的学生人均花费比实际公布的要高出许多。比如，某年贷款修建体育场、扩建校舍、增加实验室等，怎么能算到当年学生的人均花费上呢？于是，学校一方面不得不逐年增收学费，另一方面又四处募款。其中，向校友筹款是主要来源。据统计，最好的私立大学的学费为每年 5 万到 6 万美元不等。2018—2019 学年，哈佛是 50420 美元，普林斯顿是 47140 美元，哥伦比亚是 59430 美元。实际人均花费要超过学费，超过多少没有可靠数据，不好乱猜。我们暂且不去细究实际超过的部分，光追究实际收的学费，就可看到学校的苦衷和无奈。

以哥伦比亚大学为例，2014 年学费是 49138 美元，吃住是 11978 美元，再加上书本费、日常生活费、交通费等因人而异的花费，若平均 5000 美元，共约 66000 美元。谈学费必须谈相关的 Need-blind 的招生政策和 Need-based 的资助政策。因为不管你是穷还是富，只要你合格，就录取你；录取了你，就得解决学费问题。如你家很富有，自然没问题；若你家很贫穷，除去父母能负担的部分，剩下的学校资助，以解决你的后顾之忧。这个资助包括奖学金、贷款、有偿工作等。比如，奖学金 40000 美元，贷款 12000 美元，打工薪酬 8000 美元。那么，你父母每年只需提供 6000 美元。然而，你无偿获得的 40000 美元奖学金从哪里来？答案是，主要来自校友和 Legacy 父母的捐款。

2018—2019 学年，哈佛有 70% 的学生获得了各种资助，其中 20% 因家庭年收入低于 65000 美元免费入学。前些年，约四分之一的新生为贫困生（家庭年收入低于 60000 美元），均免费入学（作者注：2023 年，家庭年收入低于 8.5 万美元的学生，学费、食宿及其他杂费均免除）。国内有些媒体说某某学生获哈佛全额奖学金，这一方面说明该生优秀，另一方面也表明该生家庭贫困。2019 年哈佛招了 1990 个新生，光是当年资助 20% 的贫困生就需 2000 多万美元，四年下来需要 1 亿美元，再加上那

50% 的新生四年获得的各种资助，就是一个天文数字。

这就是学校的无奈：不提供高额奖学金和工资，就不容易吸引到高素质的人才（包括学生和教授）；为了能给高素质的人才提供高额奖学金和工资，就必须向校友募款，就必须接收一定数量的 Legacy。

最后，见识一下弊端。祖祖辈辈上同一所学校，可以说是一种变相的"近亲繁殖"。比如，有 500 位教授在这所大学任教 30 年，那么，许多 Legacy 的两代人极可能修了同一个教授的课程。即使孩子没修教过父母的教授的课程，父母耳闻目睹的也就是孩子耳濡目染的。

比如，哥伦比亚大学法学院有个传统，课程结束时，每个教授都有一个演讲——一个让目空一切的准律师们热泪盈眶的演讲。其中有个 92 岁高龄的教授，我儿子说："他的课上得还不错，但演讲更感人。"

教授说："今天去超市买香蕉，售货员劝我买完全熟的，不要买太生的了（作者注：这是冷笑话——售货员担心他活不到香蕉变熟）……"学生们心一酸，他接着说："你（售货员）每次都这样劝我，但是我已备好的课还没讲完哪……"

我听了都黯然泪下，等有了孙辈，如果这个教授仍在授课，我们不是同样要唱"同一首歌"吗？！所以说，这种陈陈相因，不能说不是一种变相的文化近亲繁殖或学术近亲繁殖。

当年插队时，我吃惊地发现，村里淳朴的农民几乎全是亲戚，即便附近的三村五寨也都沾亲带故。这些亲戚祖祖辈辈繁衍着自己的后代，这是落后的生理近亲繁殖。

所谓"黑幕"，最糟糕、最反动、最令人费解的是 Legacy 招生政策。什么普林斯顿、哈佛、耶鲁、哥伦比亚，无一幸免地与这个名声不佳的 Legacy 有着"剪不断，理还乱"的关系。

我认为中国高考改革，绝对不能学 Legacy 这套东西。财产，不论是动产还是不动产，后代要继承，天经地义。但 Legacy 把"教育"当成遗产——一种世袭的特权，其落后性、反动性昭然若揭。

特别有意思的是，有人把科举誉为中国的"第五大发明"，其进步性就在于"反世袭"。今天，我们在对高考进行"否定之否定"以期达到更高的新境界时，绝不能给这种反动的教育"传代物"以姑息。

父母上耶鲁，就要把这个"上耶鲁"作为"传代物"传给孩子，从现代伦理的角度看，是"反动"的；从现代科学的角度看，也是"反动"的。父母上耶鲁，子女也完全有权利上耶鲁。但把"上耶鲁"作为遗产处理，并作为政策使之制度化，实在不可取。

虽然有不少大学对 Legacy 做出一定限制。比如隔代不能享受。另外，这些学校都强调只有条件相同或相似，才优先考虑校友子女。但即便如此，祖孙三代欣赏同一个教授的同一本讲义，祖祖辈辈唱"同一首歌"，讲同一个故事……从生态学的角度看，也是畸形的、不健康的。

六、体育特招生

谈美国高校招生，不得不谈体育特招生。首先，这是美国高校的一大特色；其次，体育特招生是"舞弊案"的重灾区。

2016 年里约奥运会，555 名美国运动员，约 75% 是大学生。

美国高校体育运动的发达程度，可见一斑！

美国开发最早的是东北部，建大学最早的也是东北部，因此，八所藤校全在东北部。1870 年后，东北部的各校开展橄榄球和各种运动竞赛。1956 年，八所名校正式结成"常春藤联盟"。也就是说，常春藤联盟最初是因体育而得名。可见，翘楚"常春藤"亦是体育运动被看作香饽饽的注脚。

前面谈到的藤校计算学业指数的"秘密计算公式"，最初就是用来计算体育特招生的学业指数的。现在，是不是每所藤校都用学业指数来指导自己的招生？倒不一定。但这个公式被用来计算体育特招生学业指数的下限（作者注：设下限，应该是为了避免招收体育特招生导致各校体育比赛的恶性竞争），是基本可以肯定的。比如，某年藤校规定各自的体育特招生的学业指数下限为 169。

学业指数为 169，则意味着 SAT 和 SAT II 的各门成绩都在 600 分左右，年级排名点数约为 49，即排名在 70% 以后。显然，这个学业指数有点儿惨不忍睹。

若某校想招一名学业指数在 169 以下的体育特长生，该校就必须将该生的申请材料带到藤校招生办主任联席会议上，进行必要的说明，且必须获得会议的批准。

若该体育特长生的特长不是非常突出，学校一般不愿让自己处于"三堂会审"的境地。更何况，藤校之间又都是竞争对手，被对手"审问"的滋味，恐怕会不太好受。

所以，最近舞弊案披露的体育特招生基本都没敢糊弄藤校，而是混到南加利福尼亚大学等校去了。至于藤校唯一涉案的耶鲁女足教练，是怎么蒙混过关的呢？虽然没看到作案细节，但也不难"破案"：第一，该女生不是运动员，可想而知其学业指数会高于藤校体育特招生的下限，因此藤校招生办主任联席会议拦不住她。第二，以体育特招生的身份入学后，收了 40 万美元的教练，怎么帮这个完全不会踢球或球踢得不咋地的"南郭先生"混下去呢？好办哪，以受伤为借口不参加球队训练，不就蒙混过关了吗？

2010 年，迈阿密大学女足教练曾托我在中国找一个运动员，我还请孙雯帮忙推荐过一两个候选人。可惜，她们不是英语太差，就是文化水平太低。我也曾考虑过在美国踢过球的韩端，但因她踢过职业联赛，也不了了之。

各校都有专人主管体育特招生的工作。教练们亲自四处寻访、面试体育特招生。在一般的申请者还在忐忑不安地翘首以待录取信件的前一两个月，学校就会先给体育特招生发出试探性录取通知。目的是安抚他们，稳住他们。许多学校为这些体育特招生设有专门的奖学金。

实际上，体育特招生也有两类。第一类是真正的体育特招生，到校后，即插即用，上场拿分。这类人的学业指数可以比较低。第二类是装门面的，是板凳队员。这类人的学业指数较高，是拿来平衡第一类人的低学业指数的。

我读博时，隔壁住着一名橄榄球队员，矿矿管他叫"大个子叔叔"，他是矿矿自己交的第一个美国朋友。当时，儿子还不会说英语，想跟

"大个子叔叔"说些什么，就回家问我们，然后，再背书般地到隔壁去"交流"。矿矿的飞盘技术是跟他学的。有一次，飞盘打中鼻梁，直流血，儿子也不哭。至今儿子的鼻梁还稍隆起。每每提及，我总是安慰妻子：鼻子高点儿不是更帅吗？这个大个子，我得仰头看他，他活像个大猩猩。我是第一次活生生地见到这般巨大的真人。

当时，我做教学助理。有一天，我看到大个子到我对门办公室去见另一个做教学助理的博士生。他见了我，表情有点儿不自然，我就没吭声。

他走后，我故意问那个教学助理："个子那么大，打球的吧？"

教学助理摇摇头："打橄榄球的，真头痛！"

过了几天，大个子问我："你认识那个教学助理吗？"

我说："认识！"

大个子想了想，欲言又止。

后来，大个子去了另一所学校。矿矿伤心了好几天。

矿矿这个"忘年交"，属于上场拿分的体育特招生。我估计，他的学业指数可能不会太高。

美国教育为什么如此重视体育？

首先，体育运动丰富了校园生活。体育运动对美国人来说，不仅能强身健体，更重要的是能形成崇尚竞争的意识和积极进取的精神氛围。美国校园文化可能有偏颇，但中国的校园文化确实需要强烈呼唤走出教室的阳光、活泼的孩子！当然，除了崇尚竞争的意识和积极进取的精神氛围，体育运动还能增强学生的集体荣誉感。

其次，又回到钱的问题。体育运动的门票是学校的一项重要收入。更重要的是，体育运动最能让那些大款校友掏腰包。比如，矿矿的高中拿了州里的篮球冠军，人们又哭又笑……趁那些大款校友"神志不清""头脑发胀"时，校长提议扩建体育馆，那些高兴得找不到北的大款校友，恐怕还会主动拍胸口加码。总之，体育运动是筹集捐款的重要手段。

最后，体育运动能给学校带来声誉和荣誉。美国有大约3500所大学，除了那100来所人人皆知的著名大学，谁知道谁呀？这样，体育运动就成了最有效、最便捷、最可以引起轰动的提高学校知名度的手段。

难怪矿矿的高中得了州里的篮球冠军后，他回家就说："明年一定有很多新生申请我们学校……"

看看美国名校招生，除了 Legacy 学生、享受"平权措施"的少数民族学生、体育特招生、国际学生，再加上父母捐款的学生、名人学生等，剩下的正常招收名额已不多。比如，某年有 13600 人申请某大学，该大学打算录取 1700 人，录取率为 12.5%。其中，2000 人申请"提前录取"，并录取了 600 人。这样，1700 人减掉 600 人，还有 1100 个名额。在这 1100 个名额中，有约 200 个享受"平权措施"的少数民族学生，200 个 Legacy 学生，200 个体育特招生，100 个国际学生，若干个捐款学生和名人学生。剩下不到 400 个名额给"正常"录取的学生。毫无疑问，这 400 个被录取的学生才真正是出类拔萃的高分高能的英才！

当然，美国名牌大学众多，就是 2019 年排名第 47 位的凯斯西储大学，也有 16 个诺贝尔奖得主。因此，这所学府收几百，那所学校收几百，出类拔萃的英才仍然有自己的归宿。前 100 名学府，平均每所收 400 人，美国的精英就已基本被囊括进去了。

用一块巨石雕一个勇士，没有脚下的碎石，勇士怎么凸显？我们也可以把（其中部分）Legacy 学生、体育特招生、"平权措施"受益生等，看作一支运动队必不可少的陪练和板凳队员，看作一种必需的"生态平衡"，看作铺垫勇士的碎石……

比喻可能不太中听，但是否也有些道理呢？

奎茨博士是"公立常春藤"名校迈阿密大学的著名教授，他曾任系部招生委员会主席（特别是以批判美国教育知名）。我曾跟他谈到，在中国，人们对高考改革的一大顾虑，就是担心如果不以分数高低为录取标准，人们就会走后门。假如像美国高校招生一样，在录取过程中加入一些主观的、无法量化的标准，人们担心将会出现许多欺诈的和难以解释的录取决定。

奎茨博士的一番话很有意义，用作此文的结束语。

"尽管我们有理由担心使用多种标准的高校招生会因特权滋生腐败，但以考分为唯一标准的大学招生也并不能防止因特权而产生的不公平录取。

"美国名校面临的不是从顽石堆中找玉，而是从玉石堆中发现我们需要的美玉，并决定选哪一块，留哪一块。当然，最简单的办法是用公式去计算每一块玉石的各种指标。但其结果将是你得到的玉石几乎都差不多。假如你的目标是去重制一模一样的小玉器，即便你得到的玉石没什么差别，也还将就得过去。然而，假若你的目标是去创造千姿百态的精美玉器，你就必须去挑选各种形状、尺寸、色彩的美玉。大多数美国高校招生办的人员做的就是这个工作。

"使用一套宽泛的录取标准而不是单一的高考成绩，将出现丑陋的现象，这种担心是可以理解的，但这并不是我们的主流。"

（本文刊发于 2019 年 4 月 3 日《中国青年报·冰点周刊》，收入本书时有改动）